1+X 职业技术 · 职业资格培训教材

（五级）

仓库保管工

编　著　翟光明　张　宏

主　审　黄中鼎

中国劳动社会保障出版社

图书在版编目(CIP)数据

仓库保管工：五级/上海市职业技能鉴定中心组织编写. —3 版. —北京：中国劳动社会保障出版社，2012

1+X 职业技术·职业资格培训教材

ISBN 978-7-5045-9828-8

Ⅰ.①仓… Ⅱ.①上… Ⅲ.①仓库管理-技术培训-教材 Ⅳ.①F253.4

中国版本图书馆 CIP 数据核字(2012)第 167816 号

中国劳动社会保障出版社出版发行

（北京市惠新东街 1 号 邮政编码：100029）

出 版 人：张梦欣

*

三河市华骏印务包装有限公司印刷装订 新华书店经销

787 毫米×1092 毫米 16 开本 11.25 印张 207 千字

2012 年 7 月第 3 版 2015 年 5 月第 5 次印刷

定价：25.00 元

读者服务部电话：010-64929211/64921644/84643933

发行部电话：010-64961894

出版社网址：http://www.class.com.cn

内容简介

本教材由人力资源和社会保障部教材办公室、中国就业培训技术指导中心上海分中心、上海市职业技能鉴定中心依据上海 1+X 仓库保管工（五级）职业技能鉴定细目组织编写。教材从强化培养操作技能、掌握实用技术的角度出发，较好地体现了当前最新的实用知识与操作技术，对于提高从业人员的基本素质，掌握核心知识与技能有直接的帮助和指导作用。

本教材在编写中根据本职业的工作特点，以能力培养为根本出发点，采用模块化的编写方式。本教材内容共分为 7 章，主要包括：仓储管理概述、商品入库业务、装卸搬运作业、商品储存保管、商品养护基础知识、商品出库业务、仓库安全工作。

本教材可作为仓库保管工（五级）职业技能培训与鉴定考核教材，也可供全国中、高等职业技术院校相关专业师生参考使用，以及本职业从业人员培训使用。

改版说明

1+X职业技术·职业资格培训教材《仓库保管员（五级）》自2003年出版以来，深受广大从业人员的欢迎，经过多次重印，在2008年进行第2次改版，在仓库保管工职业资格鉴定、职业技能培训和岗位培训中发挥了很大的作用。随着该行业的迅速发展和社会需求的不断变化，对仓库保管工需要掌握的职业技能有了新的要求。在此形势下，2011年，人力资源和社会保障部教材办公室与上海市职业技能鉴定中心联合组织有关方面的专家和技术人员，依据仓库保管工职业技能鉴定细目对《仓库保管员（五级）第2版》教材进行了改版工作，使教材能够适应社会的发展和行业的需要，更好地为从业人员和广大社会读者服务。

新版教材是根据任务引领型教学模式编写的，突出了操作技能要求，包括操作名称、操作准备、操作步骤及注意事项，为各培训机构开展技能训练与鉴定提供良好的参考资料。新版教材增加了装卸搬运作业的内容。

为便于读者掌握学习重点，本书每章附有模拟测试题及答案，全书最后附有知识考核模拟试卷及答案，用于检验、巩固所学知识。

全书由翟光明和张宏编著，具体分工为：翟光明编写第一、二、四、六章，张宏编写第三、五、七章。全书由黄中鼎审定。

本书融入了编者在近20年的仓储人员职业技能培训、鉴定和企业仓储管理咨询中所获得的信息资料、成功经验和最新成果。在编写中参考和引用了相关企业、学术界同行的有关资料、著作及案例等，在此一并表示衷心感谢！

前 言

职业培训制度的积极推进，尤其是职业资格证书制度的推行，为广大劳动者系统地学习相关职业的知识和技能，提高就业能力、工作能力和职业转换能力提供了可能，同时也为企业选择适应生产需要的合格劳动者提供了依据。

随着我国科学技术的飞速发展和产业结构的不断调整，各种新兴职业应运而生，传统职业中也愈来愈多、愈来愈快地融进了各种新知识、新技术和新工艺。因此，加快培养合格的、适应现代化建设要求的高技能人才就显得尤为迫切。近年来，上海市在加快高技能人才建设方面进行了有益的探索，积累了丰富而宝贵的经验。为优化人力资源结构，加快高技能人才队伍建设，上海市人力资源和社会保障局在提升职业标准、完善技能鉴定方面做了积极的探索和尝试，推出了1＋X培训与鉴定模式。1＋X中的1代表国家职业标准，X是为适应上海市经济发展的需要，对职业的部分知识和技能要求进行的扩充和更新。随着经济发展和技术进步，X将不断被赋予新的内涵，不断得到深化和提升。

上海市1＋X培训与鉴定模式，得到了国家人力资源和社会保障部的支持和肯定。为配合上海市开展的1＋X培训与鉴定的需要，人力资源和社会保障部教材办公室、中国就业培训技术指导中心上海分中心、上海市职业技能鉴定中心联合组织有关方面的专家、技术人员共同编写了职业技术·职业资格培训系列教材。

职业技术·职业资格培训教材严格按照1＋X鉴定考核细目进行编写，教材内容充分反映了当前从事职业活动所需要的核心知识与技能，较好地体现了适用性、先进性与前瞻性。聘请编写1＋X鉴定考核细目的专家，以及相关行业的专家参与教材的编审工作，保证了教材内容的科学性及与鉴定考核细目以及题库的紧密衔接。

职业技术·职业资格培训教材突出了适应职业技能培训的特色，使读者通过学习与培训，不仅有助于通过鉴定考核，而且能够真正掌握本职业的核心技术与操作技能，从而实现从懂得了什么到会做什么的飞跃。

职业技术·职业资格培训教材立足于国家职业标准，也可为全国其他省市开展新职业、新技术职业培训和鉴定考核，以及高技能人才培养提供借鉴或参考。

新教材的编写是一项探索性工作，由于时间紧迫，不足之处在所难免，欢迎各使用单位及个人对教材提出宝贵意见和建议，以便教材修订时补充更正。

人力资源和社会保障部教材办公室
中国就业培训技术指导中心上海分中心
上海市职业技能鉴定中心

目　录

第1章

仓储管理概述

第1节　仓储管理的作用和任务

学习目标

➢了解储存的概念和作用
➢掌握仓储管理的概念、任务
➢掌握仓库保管工（五级）的职责
➢掌握仓储业务环节等知识
➢能够制作仓储业务流程图

知识要求

一、商品储存与仓储管理

1. 储存的形成与作用

在原始社会初期，生产力极其低下，早期人类以直接采集自然界的天然产物为生活资料，获取食物难以保证。但随着劳动工具的改进和创新，社会生产力不断提高，社会分工的产生和发展，也促使生产方式发生了较大的变化，从依靠“采集”和“渔猎”为主，过渡到以“种植”为主，人类的生活资料来源大大增加，储藏方法也日趋进步。烘、焙、熏、腌方法的发明，能使所得的食物保存相当长时间不腐烂变质，也为产品长期储存提供了良好的条件。

古代人类获得的劳动产品种类主要取决于地域自然条件，品种简单，因无交通和运输条件，使交换难以实现，剩余产品对储藏的依赖程度很高，因而形成储存的概念。原始储存的目的有两个：一是为防止自然灾害。由于原始人类抵御自然灾害的能力非常低下，因此储存剩余的产品，是生存的必要条件。二是防止战争。在古代，部落间的侵略战争时有发生，战争必然使生产活动终止，因此，储存剩余的产品，又是战争取胜的必要条件之一。

随着社会生产力的发展和社会分工的进一步细化，出现了私有制，促使商品经济形成并发展。在商品经济社会中，任何一个生产者都以向社会提供自己的产品和从社会获得生产资源为生存的条件，我们把商品交换，包括商品所有权的转移和实物形态的空间移动过程称为流通过程。商品流通成为连接生产与再生产（或消费）的桥梁和纽带。商品流通包括采购、运输、储存和销售四个环节。采购和销售是商品流通所有权转移的环节，被称为商流，而运输和储存是商品流通空间移动与时间延续的环节，被称为物流。可见，储存是商品流通的中间环节。从生产企业来看，生产经营运作过程包括物料采购、运输、储存、生产、成品储存和销售等过程，储存也是生产经营的必要条件之一。因此，所谓商品储存是指商品脱离了生产过程，尚未进入再生产（消费）过程，在生产或流通领域中暂时停留的阶段。在现代经济和生产发展的条件下，商品储存的作用表现如下：

（1）商品储存是确保社会再生产顺利进行的必要条件。进入 21 世纪，我国加入了世界贸易组织（WTO），经济的发展体现了经济全球化的特征，企业对外部资源的依存度也越来越大。合理的储备，对国民经济的发展和企业生产的顺利进行有着十分重要的战略意义。对企业来说，合理的储备可以规避因资源短缺、需求变化和价格上涨带来的生产经营风险。

（2）商品储存是满足生产和消费需求的必要条件。一方面，商品的生产与再生产（或消费）之间往往存在着一定的时间差异，表现为生产的季节性与消费的常年性和消费的季节性与生产的常年性的差异。另一方面，商品的生产与再生产（或消费）一般存在一定的空间距离，表现为生产的集中性与消费的分散性（如联想计算机生产集中在北京，消费遍布全国乃至全世界）和生产的分散性与消费的集中性（如集中在上海通用汽车有限公司制造装配的汽车，零部件来自全球各地）。因此，为满足生产和消费需要，商品必须进行运输与储存。

（3）商品储存是商品流通的可靠保证。商品流通是连接生产与消费的桥梁和纽带，商品储存是商品流通的中间环节。随着人们消费水平的不断提高，市场需求出现多样化和个性化的趋势，合理的库存既是防止销售缺货的必要条件，也是降低经营成本的重要手段。

商品储存的作用体现在合理的库存上，即只限于确保供应和满足需要的程度上，任何过多的库存只能增加成本和市场风险。库存量大小主要取决于商品的供应周期、需求率、质量稳定性、批量价格折扣水平和供应意外中断的可能性等。

2. 仓储管理的概念

仓储管理就是对仓储活动进行计划、组织、指挥、协调和监督等。随着我国经济的快速发展，仓储管理已成为现代物流管理的核心。仓储管理的内容包括接运、内部交接、验收、保管保养、出库等。

二、仓储管理的任务

1. 仓储业务的三个阶段及其相互关系

仓储业务包括入库、保管保养和出库三个阶段，仓储业务流程如图 1—1 所示。

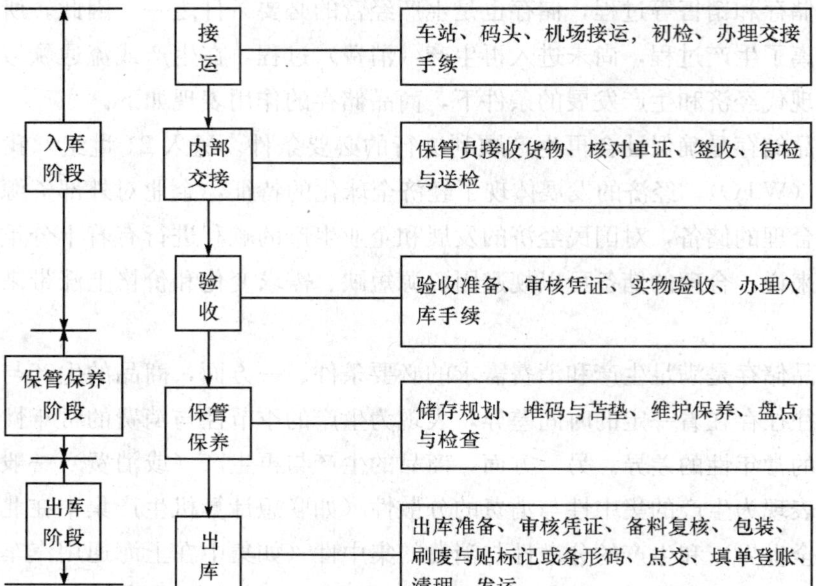

图 1—1　仓储业务流程

（1）入库阶段：包括入库接运、内部交接、验收作业和账务处理等。

（2）保管保养阶段：包括仓库分区分类储存规划、商品合理堆码与苫垫、维护保养、盘点与检查等。

（3）出库阶段：包括审核出库凭证、出库作业和账务处理等。

仓储业务的三个阶段是一个统一体。入库是仓储管理的基础，入库商品的质量完好和数量的准确程度受到入库渠道、运输方式、包装状况、生产日期、气候条件和供应商信誉等因素的影响，因此，严格把好入库关，是搞好仓储管理的重要保证。保管保养是仓储管理的中心，仓库中储存着大量的商品，如果保管不当，造成储存商品差错、损坏和变质，都会直接影响到用户的利益，造成企业或仓库的损失。因此，确保商品在储存期间质量完好和数量准确，最大限度降低商品损耗，是仓储管理的中心任务。出库是仓储管理的关键，出库业务的服务对象是用户，安全、准确、及时地做好出库供应，是仓库服务水平和质量的集中体现。如果出库供应出现差错，不仅会影响用户的使用，甚至会造成严重的后果。

2. 仓储管理的任务

仓储管理作为现代物流管理的基本功能之一，其基本任务就是从客户需求出发，搞好商品的入库验收、保管保养和出库供应，为客户提供优质的服务。其具体任务包括：

（1）搞好入库验收，确保入库商品数量准确和质量完好。包括货物接收、审核入库凭证、实物验收和验收结果处理等。

（2）搞好保管保养，确保商品质量完好。包括仓库合理规划、商品堆码与苫垫、维护保养、盘点和检查等。

（3）搞好出库供应，为生产和经营服务。包括审核出库凭证、备料、包装、送货与发运等。

（4）建立健全仓储管理制度。根据 ISO 9000 国际质量体系认证和 ISO 14000 环境保护的要求，不断健全和完善仓储管理规章制度和作业程序，使仓储管理同国际接轨，并将国外的先进管理技术本土化。

（5）搞好仓库清洁卫生。对仓库清洁卫生的要求与其他场合不同，这是根据货物的储存要求来确定的。灰尘杂物对所有货物的质量都有不同程度的影响，因此，搞好清洁卫生是仓储管理的基本要求之一。

（6）讲求经济效益，降低仓储管理成本。仓储管理是一种经济活动，它通过仓储活动为客户提供增值服务，同时，仓储活动产生了成本和费用。只有通过仓储的合理规划，加快货物周转，提高仓储设施利用率，降低作业成本，仓储活动才能取得良好的经济效益，在企业生产经营中发挥更好的作用。

（7）搞好仓库安全。仓储活动包括管理和生产性操作活动。安全生产是仓储活动的基本保证。仓库安全包括保卫警卫、安全生产、劳动与环境保护、消防和防台风、防汛等。

3. 仓储管理的方针

仓储管理应贯彻“快进、快出、多储存、保管好、费用省”十三字方针，具体内容包括：

快进，就是加快入库速度，缩短验收时间，加快商品周转；快出，就是简化出库手续，减少作业环节，加快出库速度，减少客户提货时间；多储存，就是进行仓库合理规划和合理储存，提高仓库的利用率；保管好，就是采取科学的保管保养措施，确保商品数量准确和质量完好；费用省，就是通过科学管理，减少仓储活动的活劳动和物化劳动的消耗，降低仓储成本。

三、仓库保管工（五级）的职责

1. 搞好货物的接运和交接，为验收创造良好的条件。

2. 严格把好入库验收关，按合同或订单的要求，对货物内在质量及时送检，进行外观质量、数量和重量检验，并做好记录。

3. 根据货物的特征进行合理堆码与苫垫，提高库位利用率。

4. 根据货物的性质和保管要求，控制储存环境，对货物进行科学养护。

5. 搞好库存盘点和日常检查。

6. 搞好出库发运，按客户的要求，提供优质服务。

7. 严格按安全技术操作规程进行各种生产作业，掌握各种消防器材的合理配置和使用方法。

四、仓库保管工（五级）的技能要求

1. 能够正确审核进出库凭证。

2. 能够正确识别包装标识及判定货物外观质量。

3. 会正确使用验收器具、装卸工具和设备，能够进行业务操作。

4. 会对货物进行验收、堆码、盘点、拣货、分货、包装和出库等作业。

5. 会进行计算机系统的仓储单证操作。

6. 会正确使用常用的灭火器。

技能要求

操作准备：

为学员提供下页仓储作业流程图框架。

操作步骤：

步骤 1　调查并记录企业仓储工作的任务、仓储操作流程、仓库管理组织结构、仓库各岗位职责、仓库工作人员的素质要求等方面的内容。

步骤 2　参观仓储作业现场，了解仓储作业过程。

步骤 3　根据调研结果填写仓储业务环节和相应的作业内容。

注意事项：

学员到企业调研，必须听从指挥、遵守纪律，注意交通安全和礼节礼貌。

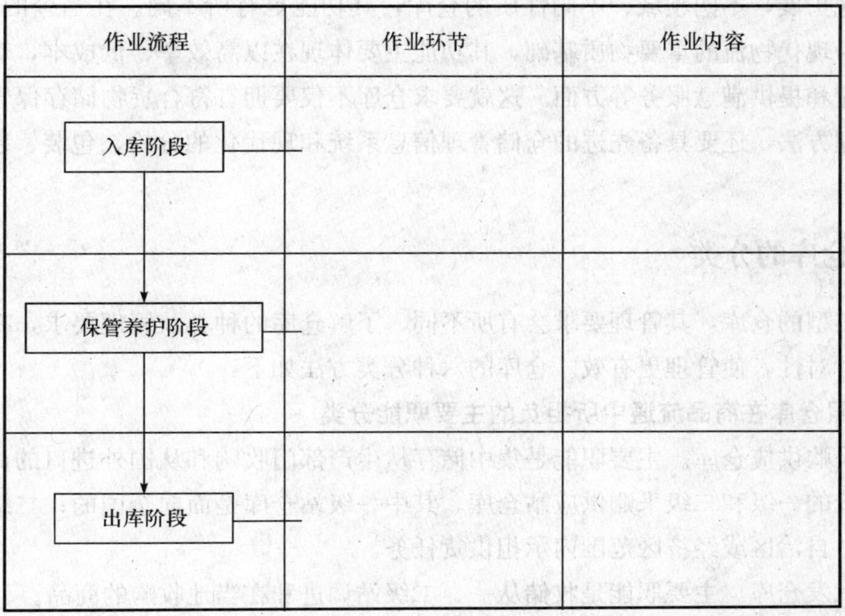

仓储业务流程图框架

第 2 节 仓 库 分 类

学习目标

- ➢了解仓库的概念
- ➢掌握仓库的不同分类方法
- ➢掌握不同仓库的特点和用途
- ➢能够根据不同商品的储存要求和仓库的储存条件选择合适的仓库作为储存地点

知识要求

一、仓库的概念

仓库是指用于储存和保管物品的场所。仓库是伴随着储存的出现而产生的，仓库的内涵在不断地扩展，不同领域、不同性质的仓库，其功能也有所不同。在当今的信息时代，仓库已成为现代物流的重要物质基础，其功能主要体现在以高效率、低成本，对客户需求的快速反应和提供满意服务等方面。这就要求仓库不仅要拥有符合货物储存保管的条件和科学的管理方法，还要具备先进的仓储管理信息系统和现代化的分检、包装、装卸、搬运设施。

二、仓库的分类

不同类型的仓库，其管理要求会有所不同。了解仓库的种类及管理要求，有利于仓储管理更有针对性，使管理更有效。仓库的六种分类方法如下：

1. 按照仓库在商品流通中所担负的主要职能分类

（1）采购供应仓库。主要职能是集中储存从生产部门收购和从国外进口的商品，通常指商业系统的一级和二级采购供应站仓库。其中一级站仓库是面向全国的；二级站仓库是在一个省、自治区或经济区范围内承担供货任务。

（2）批发仓库。主要职能是收储从一、二级站调进和在当地收购的商品。

（3）零售仓库。主要职能是为商业零售企业短期储货，以供门市销售。零售企业自批发部门进货后，不能把所有商品直接在门市陈列出售，一般都要入库进行拆包、检验、分类、分级、分装、改装或挑选加工等作业。

（4）转运仓库。主要职能是储存商业系统中转分运和转换运输工具的待运商品。转运仓库一般设在铁路、公路的车站，沿海口岸或江河水路的码头附近。

（5）加工仓库。主要职能是储存商品并兼营某些商品的挑选、整理、分级、分装的简单加工。

（6）物流配送仓库。主要职能是为商业系统物流配送的商品提供储存保管服务。此类仓库往往配备智能化的仓储计算机信息管理系统、条形码管理系统和立体货架系统等。

2. 按仓库在社会再生产中所处的领域分类

（1）生产领域物料仓库。生产领域物料仓库是指储存生产企业的原材料、零部件等的仓库（见图 1—2）。由于处在生产准备阶段的原材料、零部件具有供货来源广、批次和品种规格复杂等特点，如何按批次、先进先出和可追溯性要求进行分类储存和限额供货是生产领域物料仓库管理的重点。

（2）流通领域仓库。流通领域仓库是指存放脱离了生产过程，尚未进入消费或再生产过程，在流通领域暂时停留的货物仓库，如企业成品仓库，物流公司、商业储存公司、物资储运公司、运输公司的中转仓库等（见图 1—3）。

1）成品仓库。成品仓库存放生产企业已经制成并经检验合格进入销售阶段，但由于

图 1—2　生产企业仓库

图 1—3　流通领域仓库（实例）

运输条件限制或销售的需要，尚未离开生产企业的产品或成品。成品一般包装较好，无须特别养护，但按生产日期和批次储存、按先进先出发放的要求较高。此外，成品仓库一般还要开展包括分拣、拼箱、包装和贴条形码等流通加工活动。

2）中转仓库

①专业储运（或物流）企业中转仓库。专业储运企业中转仓库包括商业储运企业、物资储运企业和外贸储运企业仓库等，这些仓库主要为社会提供仓储服务。目前，专业储运

企业纷纷向现代物流业转轨，意味着专业储运企业以向客户提供传统的储运服务为主转变为以提供物流配送和增值服务为主。专业储运企业中转仓库的业务包括为客户检验商品、储存保管、进行流通加工、开展配送业务甚至为客户制订库存计划等。

②零售商仓库。零售商仓库包括大卖场、百货公司及商品经营企业仓库。因其完全为满足销售业务的需要而设立，因而利用率不够高。随着现代物流业的发展和物流配送的普及，零售商仓库的规模将逐步减小，这有利于降低存货成本。

3）国家储备仓库。国家储备仓库是政府为防止自然灾害、战争及国民经济严重危机等而设立的保险储备仓库。国家储备仓库一般储备商品储存期较长，对仓储条件、质量维护和安全保卫的要求较高。

3. 按仓库的隶属关系分类

（1）工业企业附属仓库。按其在生产中的作用不同，又可分为供应仓库、半成品仓库和成品仓库。工业企业附属仓库是工业企业的附属单位，一般不实行独立核算。

（2）储运公司所属仓库。储运公司是一个独立经营和核算的单位。按其行业不同，又可分为商业储运公司、物资储运公司等。其中物资储运公司以经营生产资料的储存保管和中转运输等业务为主，而商业储运公司则以经营生活资料的储存保管和中转运输等业务为主。

（3）物资供销机构所属仓库。中央和地方物资供销机构所属的仓库，均属中央各部和省、市、地方管辖，主要为本系统的生产服务。

4. 按仓库的储存条件分类

（1）库房。库房是储存货物的建筑，用于储存受气候条件影响大的货物，包括化工原材料及产品、家用电器、生产零部件等必须储存在库内的货物。库房因建筑结构不同，可分为砖木结构库房、水泥混凝土结构库房（见图 1—4）和全钢结构库房。

（2）货棚。货棚是储存货物的设施，用于储存受气候条件影响不大的货物，包括汽车、桶装液体化工产品、有色金属锭材等（见图 1—5）。活动货棚因其密封性比普通货棚强，储存条件好，造价低于库房，在北方气候干燥地区应用较广（见图 1—6）。

（3）货场。货场是储存货物的堆场，用于储存基本不受气候条件影响的货物，包括大型钢材、水泥制品及集装箱等（见图 1—7）。在库房有限的情况下，一般货物也可储存在货场，但必须进行严密苫垫。

5. 按仓库储存货物的类别分类

（1）综合性仓库。综合性仓库是指储存若干大类货物的仓库，如仓库中储存金属材料、化工产品、机电设备、家用电器等。由于综合性仓库储存多种不同性质的货物，为确保货物储存安全，必须进行分区分类储存保管。

图 1—4　水泥混凝土结构库房

图 1—5　货棚

图 1—6　活动货棚

图1—7　露天货场

分区分类储存保管的原则是：性质无相互影响、保管要求相同和消防方法相同的货物可以储存在同一区域或同一处。

（2）专业性仓库。专业性仓库是指只储存某一大类货物的仓库，如金属材料仓库、机电设备仓库、某种化工原料仓库等。这种仓库储存条件和设施适合储存单一种类货物。

（3）特种仓库。特种仓库是指储存特殊性质货物的仓库，如保温库、冷藏库、危险品库等。这种仓库一般配备专用的储存设备和安全消防设施。

6. 按仓库的作业方式分类

（1）人力仓库。人力仓库是指采用人工作业的仓库。这种仓库规模较小，一般适合储存电子元器件、工具、备品备件等。

（2）半机械化仓库。半机械化仓库是指入库采用机械作业（如叉车等），出库采用人工作业方式的仓库。一般适合储存整批入库、零星出库的货物。

（3）机械化仓库。机械化仓库是指入库和出库均采用机械（如行车、叉车、输送机等）作业方式的仓库。一般机械化仓库配备高层货架，有利于提高仓库空间利用率，一般适合储存整批入库和整批出库、长大笨重的货物。

（4）半自动化仓库。半自动化仓库是自动化仓库的过渡形式，配备高层货架和输送系统，采用人工操作巷道堆垛机的方式，一般适合储存备品备件。

（5）自动化仓库。自动化仓库是指以高层货架为主体，配备自动巷道作业设备和输送系统的无人仓库，如青岛海尔公司的自动化仓库（见图1—8）。自动化仓库一般适合储存整批入库和整批出库的货物。

图 1—8　自动化仓库

技能要求

合理选择储存场所

操作准备：

提供不同种类货物，要求学员会正确选择存储场所。

操作步骤：

根据给定的商品种类，选择合适的储存场所，填写下表中的相关内容。

货物与储存场所对应表

货物种类	库房	货棚	货场	说明理由
日用消费品				
家用电器				
化工产品				
桶装液体物资				
大型钢材				
零部件				
小型钢管				
水泥制品				
有色金属锭材				
汽车				

注意事项：

一种货物可以选择几种不同类别的储存场所。

第3节　仓储管理组织

学习目标

➢了解仓储管理组织机构设置的原则

➢掌握个人负责制、小组负责制和专业分工制的含义

知识要求

一、仓储管理组织机构设置的原则

仓储管理组织机构设置包括确定仓库的隶属关系、职责范围、岗位设置和人员配备等内容。科学合理的机构设置，有利于搞好各部门之间的业务协调和对库存商品的控制，更好地发挥仓储部门的作用。仓储管理组织机构设置的原则包括：

1. 集中统一原则

仓储集中统一管理，有利于充分利用仓库储存设施和条件，提高仓库利用率，有利于库存的有效控制，还有利于制定统一的仓储管理制度，实现仓储规范化管理。

2. 协调性和制约性原则

对于生产企业，应建立相对独立的物流或仓储管理机构，更好地发挥仓储在验收把关和供应保障方面的作用。

3. 精简、高效、优质的原则

仓储管理组织机构人员配备方面，应以简化作业环节、提高作业效率优先，在保证服务质量的前提下，科学地确定仓储主管和作业人员的职责范围，合理地配备管理人员。

二、仓储管理的组织形式

仓储管理的组织形式主要有个人负责制、小组负责制和专业分工制等。

1. 个人负责制

个人负责制是指由一名仓储管理人员负责货物的入库验收、保管、出库供应及账务处

理的组织形式。这种组织形式虽然节省人员，但容易造成记账与业务操作不同步，它适合储存生产企业小型备品备件、五金工具、办公文具、劳动防护用品等仓库。

2. 小组负责制

小组负责制是指由一个保管小组负责货物的入库验收、保管、出库供应及账务处理的组织形式。这种组织形式分工不分家，每个保管员负责保管若干个品种货物或管理某个库房，责任明确，仓库可通过轮换岗位来提高管理人员对不同货物的管理能力，培养管理人员的团队精神，它适合生产、商业和物流企业中型仓库。

3. 专业分工制

专业分工制是指在仓库中设置验收、保管、出库发运和记账等岗位，每个岗位由若干管理人员组成。这种组织形式人员配备较多，效率高，它适合大型储运或物流企业仓库。

仓储管理组织形式应根据仓库的规模、货物的品种、数量、结构、管理的复杂程度来确定。

模拟测试题

一、判断题（将判断结果填入括号中。正确的填“√”，错误的填“×”）

1. 储存在商品经济之前就出现了。（ ）
2. 商品储存必然增加成本。（ ）
3. 仓库是伴随储存需求的出现而形成的。（ ）
4. 商品储存作用之一，就是克服生产与消费之间在时间上的差异和空间距离。（ ）
5. 出库直接影响到服务质量，因此，它是仓储管理中最关键的环节。（ ）
6. 按隶属关系分类的仓库有流通领域仓库、中转仓库、生产领域仓库、物流中心仓库。（ ）
7. 受气候条件影响大的货物一般应储存在严密苫盖的货棚内。（ ）
8. 在库房紧缺的情况下，一般货物可储存在严密苫盖的货场。（ ）
9. 小组负责制的优点是效率高和管理规范化。（ ）
10. 专业分工制适合大型仓库。（ ）

二、单项选择题（下列选项中只有一个正确的答案，请将相应的字母填入题内的括号中）

1. 商品流通包括的四个环节是（　　）。

A. 采购、运输、储存、销售　　B. 采购、储存、生产、销售

C. 采购、储存、保管、销售　　D. 采购、储存、验收、出库

2. 现代储存的目的是为了（　　）。

A. 商品交换　　B. 确保社会再生产顺利进行

C. 防止自然灾害和战争　　D. 维护产品的使用价值

3. 库房是（　　）。

A. 储存货物的建筑　　B. 储存和保管商品的场所

C. 物流中心　　D. 配送中心

4. 现代库存的观念是（　　）。

A. 库存越多越保险　　B. 库存越少越好

C. 零库存是最先进的　　D. 超过合理的库存量就是浪费

5. 入库阶段是（　　）。

A. 仓储管理的关键　　B. 仓储管理的中心

C. 仓储管理的基础　　D. 仓储管理的重点

6. 仓储管理的中心工作是（　　）。

A. 搞好验收　　B. 搞好安全

C. 搞好保管保养　　D. 搞好出库供应

7. 出库阶段是（　　）。

A. 仓储管理的关键　　B. 仓储管理的中心

C. 仓储管理的基础　　D. 仓储管理的重点

8. 适合大型仓库的仓储组织形式是（　　）。

A. 小组负责制　　B. 专业分工制　　C. 直线制　　D. 个人负责制

9. 基本不受气候条件影响的货物应储存在（　　）内。

A. 库房　　B. 货场　　C. 货棚　　D. 仓库

10. 大批量进货、零星发货的货物应储存在（　　）。

A. 人力仓库　　B. 半机械化仓库　　C. 机械化仓库　　D. 自动化仓库

模拟测试题答案

一、判断题

1. √　2. ×　3. √　4. √　5. √　6. ×　7. ×　8. √　9. ×
10. √

二、单项选择题

1. A　2. B　3. A　4. D　5. C　6. C　7. A　8. B　9. B
10. B

2

第 2 章

商品入库业务

第1节　商品入库交接

学习目标

➢掌握商品入库的三种方式及其业务操作过程

➢掌握入库商品初检的四项内容

➢能够对商品交接中发现的问题进行责任划分并进行处理

知识要求

一、商品入库的方式

商品入库方式是指仓库商品来源的方式。商品入库主要包括车站、码头和机场接运，供货方送货到库和仓库自提三种方式。商品入库业务涉及供应商、承运商、保险公司及收货单位等当事人的权利和义务关系。搞好入库交接是商品入库业务的重要环节。

1. 车站、码头和机场接运

车站、码头和机场接运的货物都来自其他城市和地区，仓库一般在接运前应收到发运单位寄来的领货凭证，接运人员应根据领货凭证到相应的车站、码头和机场进行接运，同承运单位办理交接，并联系好运回仓库的车辆。若发现有货损货差时，应当场要求承运单位出具证明或记录，以备为日后索赔提供依据。

2. 供货方送货到库

供货方送货到库，一般由供方委托公路运输部门送货到仓库。仓库管理人员应以企业的采购订单或货主的入库单作为收货的依据，审核送货单和实物与验收依据的一致性，若发现包括件数、规格、数量及外观质量等差错或问题时，应在送货单上做好记录或拒收，以备为日后索赔提供依据。

3. 仓库自提

仓库自提是指仓库自派车辆到供方单位提货，提货人员应根据提货凭证核对实物，办理好交接工作。

二、商品入库交接初检

对任何入库方式来说，对货物进行初检是货物交接的关键环节。货物初检应包括以下四项内容：

1. 外包装标识和包装完好情况。主要检验货物包装的标识是否与入库依据相一致，包装是否有损坏、破裂、变形等情况。

2. 大件数。大件数是指捆、箱、件、袋的数量等，而包装内的具体货物数量可在验收时加以检验和确认。

3. 外观质量受损情况。重点检验货物外表受到外力作用发生破裂、变形、受损等情况。

4. 霉变、锈蚀和受潮情况。

三、签单

签单是指在接收商品初检无误后，在送货凭证上签收。若有问题，则在送货凭证上记录真实情况或拒收。

四、接收中发现问题的责任划分及处理

1. 破损

破损有两种情况，一种是商品本身的破损，影响其价值或使用价值，甚至导致商品报废；另一种是包装的破损，影响商品的储存保管。造成破损的原因主要是接运前和承运中的责任。破损责任如属于生产厂家、发货单位或承运单位的责任，提运员或接运员应向承运部门索取有关事故记录，并交给保管员，作为向供应商或承运单位进行索赔的依据。如因接运过程中的装卸不当等原因造成的破损，签收时应写明原因、数量等，报仓库主管处理，一般由责任方负责赔偿。

2. 短少

短少也分接运前和承运中两种情况。因接运前短少的，可按上述办法处理。如因承运中的装载不牢或无人押运而导致货物丢失的，在签收时应报告保卫部门进行追查处理。

3. 变质

变质一般有三种原因。一是生产或保管不善、存期过长等原因造成变质。如责任在供货方，可退货、换货或索赔，但保管员签收时应详细说明数量和变质程度。二是在承运中因受污染、水渍等原因使商品变质。责任在承运方，保管员签收时应索取有关记录，交货主交涉处理。三是在提运中因商品混放、受雨淋等原因造成的变质。这是接运人员的

责任。

4. **错到**

错到的原因是多方面的。有的是发运方的责任，如错发、错装等，此种错到应通知发运方处理。有的是提运、接运中的责任，如错卸、错装等，此种情况，保管员在签收时应详细说明后，报仓库负责追查处理。有的是承运方的责任，如错运、错送等，此种错到应索取承运方记录，交货主交涉处理。

对于无合同、无计划的到货，应及时通知货主查询，经批准后，才能办理入库手续。货主应及时将订货合同、到货计划送交仓库。

第 2 节　商品入库验收

学习目标

- 了解验收的意义、要求和操作程序
- 掌握验收工具的正确使用方法
- 重点掌握商品验收的操作方法
- 了解货卡的作用
- 掌握记账、立卡的方法

知识要求

一、商品验收的意义

入库货物的来源渠道很多，包括生产企业、中间商、协作加工及国外进口等。由于货物的来源复杂，再加上运输条件的差异、包装的质量好坏等，给入库的货物在数量和质量方面带来不利影响，这就决定了货物入库验收的必要性。

1. **把好入库验收关是确保入库商品数量准确、质量完好的前提**

入库验收是到货风险交割的环节，只有对商品的数量和质量进行严格检验，及时发现问题，把好入库验收关，才能确保入库商品数量准确、质量完好，维护企业的合法利益。

2. **验收工作是搞好货物储存保管的基础**

验收就是根据验收依据和凭证，对入库的货物进行审核和查收。收货阶段的检验是做好货物保管的前提和基础，这是因为货物经过长途运输、装卸搬运后，包装容易损坏。没有包装的货物容易发生一些大小不同的变化，如金属材料雨淋后生锈，机电设备、仪器仪表受潮后锈蚀失效等，这种变化将影响到货物的保管和使用。只有在入库时，将货物的实际状况查验清楚，才能在今后保管中有的放矢地采取措施，确保货物的完好。所以，对于入库货物必须进行认真细致的检查验收，才能为需用单位提供数量准确、质量完好的货物。

3. 验收工作对供应商起着监督和促进作用

虽然供应商对出库货物都要进行质量和数量检查，但也难免会有漏洞，而且货物经过多次装卸搬运，很可能发生数量或质量的变化。因此，仓库对货物的检验工作不仅为货物的保管和使用打下基础，同时对供应商交货的及时性、准确性及质量完好情况进行记录，为日后对供应商考核提供依据，起到对供应商的监督和促进作用，以提高供应商的供货质量和服务水平。

4. 验收记录是向外提出索赔、退货、换货的依据

在进行验收时，发现数量不足、规格不符或质量不合格，仓库应及时向采购部门或货主提出验收报告。这个报告必须有详细的验收记录，作为采购部门或货主向供货方提出拒付、退货、换货或索赔的依据。

二、商品验收的基本要求

1. 准确

(1) 严格按合同或仓库规定的标准和方法进行验收。验收的基本任务就是确保验收结果的准确性。由于不同货物有不同的验收方法，同一货物也有几种验收方法，如钢材可过磅验收，也可理论换算，因此只有按合同规定的标准和方法才能确保验收结果的唯一性和准确性。

(2) 认真校正和合理使用验收工具。验收工具使用过久会出现精度误差，正确校正和使用验收工具是确保验收准确的重要保证。

对于入库货物的数量、规格、质量、品种及配套情况等验收，要严格按照合同规定的标准，做到准确无误，如实地反映货物当时的实际情况，不能渗入主观偏见和臆断。

在进口货物验收时，必须坚持实事求是的原则，做到有理、有利、有节，划清国内外的责任，严格按照合同规定进行验收。需提出索赔时，证据要充分，理由要充足，以维护国家和企业的合法权益。

2. 及时

及时验收有利于加快商品周转，不延误索赔期。到库货物必须及时地在规定期限内完

成验收工作，提出验收结果，以保证货物尽快入库，及时供应生产需要。一批到库货物必须全部验收完毕，登记账卡后才能发放，不应边验边发。由于货物的托收承付和索赔货款是有一定期限的，如果验收时发现到货数量不符或材质缺陷，均应在规定期限内提出索赔货款，否则超过规定期限，银行不予办理拒付货款手续；超过索赔期限，供货方也不承担理赔责任。因此，验收工作必须在一定期限内完成。

为加快验收，可采取以下措施：先小批，后大批；先易后难；先本地到货，后外地到货。验收结束及时签收。

3. **严肃**

验收人员必须有高度的责任心，做到严肃认真，明确每批商品验收的要求和方法，并严格按仓库验收入库的业务操作程序办事。验收中发现问题，要严肃对待，认真处理。拒付货款理由要充足，证据要齐全。

三、商品验收程序

验收业务程序可分为验收准备、核对验收单证和实物验收三个步骤。

1. **验收准备**

验收准备是货物入库验收的第一道程序，包括货位、验收设备、工具及人员的准备。具体要做好以下五个方面的准备工作：

（1）收集信息，熟悉各项验收凭证、资料和有关验收要求。货物到达前，保管员应主动同业务部门或货主联系，了解货物验收应具备的凭证和有关技术资料，以免因入库凭证和有关技术资料不全，给货物的管理和使用带来问题。

（2）准备所需的计量器具、卡量工具和检测仪器仪表等，要准确可靠。验收工具的准确和使用的合理与否，直接影响到验收的结果。

验收工具包括：

1）衡器设备。仓库所保管的货物中，以重量为计数单位的占绝大多数，因此衡器是仓库作业中使用最多和最主要的计量设备。仓库只有在具备精良衡器的条件下，才能保证货物在收发保管过程中数量上的准确性。衡器精确性的保持，主要在于合理使用和妥善保管。因此，懂得如何正确合理地使用与妥善保管衡器，以便经常保持其精确性，是货物供应工作者，特别是仓库工作人员所必须掌握的专业知识。

仓库根据其作业性质与收发量大小，一般备置案秤、台秤、汽车衡等衡器设备。

①案秤。案秤有等臂式与不等臂式两种。它具有稳定的平衡性，能很快地称量货物，准确性较高。目前仓库常用的案秤主要为盘秤，最大称量有10 kg和20 kg等。由于案秤适于称小件或轻质物料，因此，在配发小件或轻质物料次数频繁的基层生产单位仓库内得

到广泛采用（见图 2—1）。

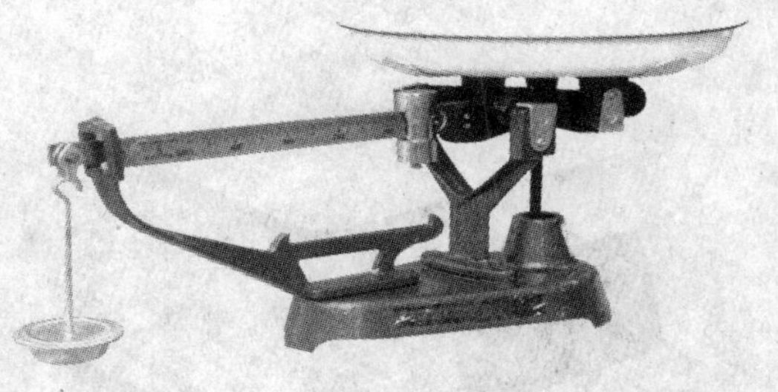

图 2—1　案秤

②台秤。台秤是不等臂衡器的一种，是仓库应用最广泛和必备的衡器设备。根据其构造不同，可分为增砣台秤和标尺台秤，而以增砣台秤最为通用。增砣台秤又分球秤和刀秤两种类型。仓库常用的台秤一般有称量 500 kg、1 000 kg、2 000 kg 和 3 000 kg 等数种。台秤的构成部分如图 2—2 所示。

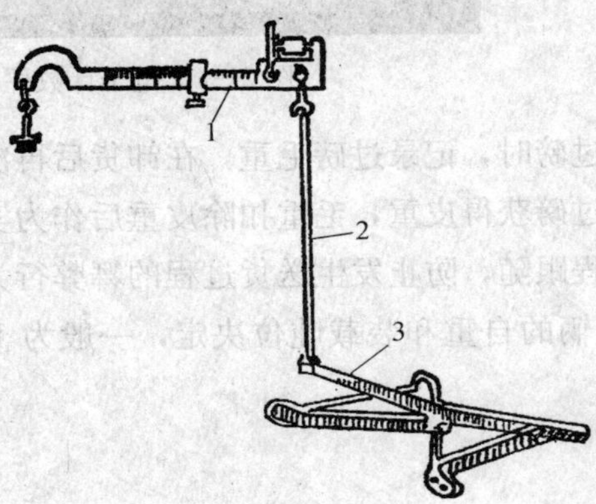

a)

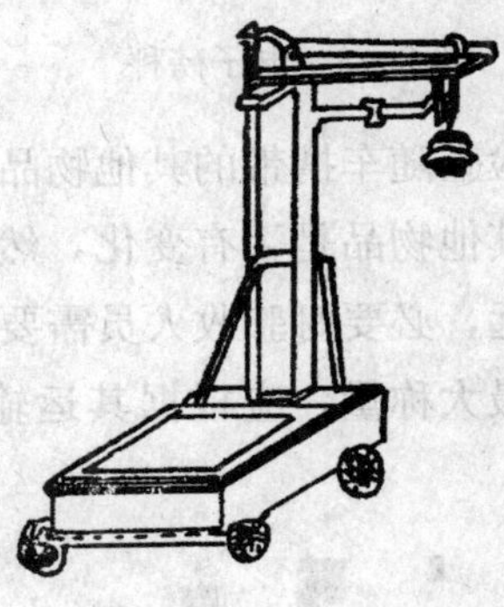

b)

图 2—2　台秤

a）台秤杠杆组构造　b）增砣式台秤

1—秤杆　2—长杠杆　3—短杠杆

台秤是一种复式杠杆组成的衡器，它最主要的组成部分是杠杆组。杠杆组是由秤杆、长杠杆、短杠杆组成。增砣式台秤的构造，除杠杆组外，还有台面装置和机件两部分。

③电子磅秤。电子磅秤具有预扣皮重、数量累加等功能，具有精度高、操作方便的优点（见图 2—3）。

④电子计数秤。电子计数秤除具有电子磅秤的功能外，还具有计数功能，即将少量单件规格、重量相等的物品置于电子计数秤台面，输入其数量，再将其余物品置于电子磅秤台面，此时，电子计数秤液晶显示屏就显示全部数量（见图 2—4）。

⑤汽车衡。汽车衡又称为陆地磅秤，是比较小型的无轨地下磅秤，实际上就是将台秤的台面安装在与汽车道路面的同一水平上，以便进出库运料的车辆通过其上，迅速称出重量。这种衡器的设置地点，一般应在主要料场附近，以便就近过秤。过磅前，要求随车人

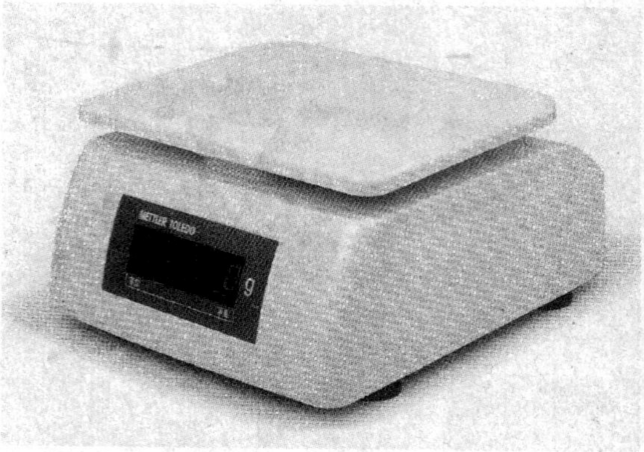

图 2—3　电子磅秤

图 2—4　电子计数秤

员下车，并检查随车携带的其他物品，过磅时，记录过磅毛重，在卸货后再次过磅前，要检查随车的其他物品是否有变化，然后过磅获得皮重，毛重扣除皮重后作为实际净重。若卸车距离较远，必要时验收人员需要全程跟随，防止发生送货过程的舞弊行为。仓库采用的汽车衡的最大称量，应根据其运输车辆的自重和装载吨位决定，一般为 10～15 t（见图 2—5）。

图 2—5　汽车衡

2）量具设备。仓库所保管的货物，其计量单位除重量外，尚有以长度为计量单位的，同时绝大部分货物都有其一定的规格尺寸，所有货物的长度和材料规格尺寸的计量，必须应用各种量具来完成。因此，各种量具也是仓库所必备的设备，而熟练掌握量具的使用，则是仓库工作人员所必须掌握的技能。

仓库常用的量具包括普通量具和精密量具。普通量具中又有直接量具（如直尺、折尺、卷尺等）和辅助量具（如卡钳、线规等）之分。精密量具中有游标卡尺和千分尺等。

①直尺。直尺有木制、钢制、塑料制等多种。通常用的直尺上刻有公制和英制两种刻度。凡精度超过这些数值的材料，不能应用这种直尺来进行度量。

②卷尺。卷尺有钢制和麻制加铜丝而涂以涂料两种。前者多带有钢盒，后者多带有皮盒，因此俗称皮尺。钢卷尺的长度有 1 m、2 m、5 m、10 m、15 m、20 m、30 m、50 m、100 m 数种。麻制卷尺除 1 m 和 2 m 外，其余长度均有。钢卷尺伸缩性较小，比较准确，但易污锈，应经常用煤油擦洗。使用钢卷尺时应注意勿使其扭曲折断，并要注意防止割破手指。麻制卷尺伸缩性较大，不及钢卷尺准确，特别是使用日久涂层破损后，其伸缩性更大，有时可达 5%。使用麻制卷尺时，不得拖曳、打折和拉张，并在收起时不可过分绕紧或放松。

使用各种尺来度量材料时，必须将尺放正。量长方形物料的长度时，要与被量的物料顶端垂直，与侧边平行；量宽度时要与被量物料顶端平行，与侧边垂直。量圆形物料的长度时，要与物料的中心线平行。如果用尺在圆形物料的顶端量其直径，或在孔外量其内径，被量的物料截面一定要相当平整，而且量时要用尺靠着物料一面的边缘来回扭动，量得最大的尺寸，才是物料的外径或内径的真正大小。

③游标卡尺。按照用途的不同，分为普通游标卡尺、高度游标卡尺、深度游标卡尺和齿厚游标卡尺。仓库常用的主要是普通游标卡尺，其精度有 0.1 mm、0.05 mm 和 0.02 mm 三种。各种游标卡尺的用途虽有不同，但其构造原理并无不同之处。下面以 0.1 mm 精度内外径游标卡尺为例，说明其构造与原理。游标卡尺的构造如图 2—6 所示。测量时，右手拿住尺身，大拇指移动游标，左手拿待测外径（或内径）的物体，使待测物位于外测量爪之间，当与量爪紧紧相贴时，即可读数（见图 2—7）。

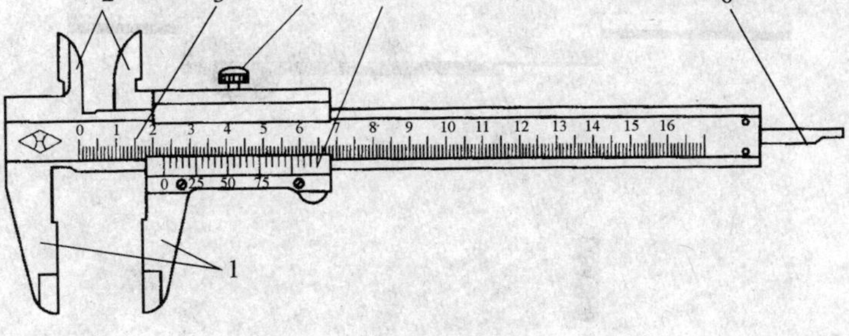

图 2—6　游标卡尺构造图

1—下量爪　2—上量爪　3—尺身　4—螺钉　5—游标　6—深度尺

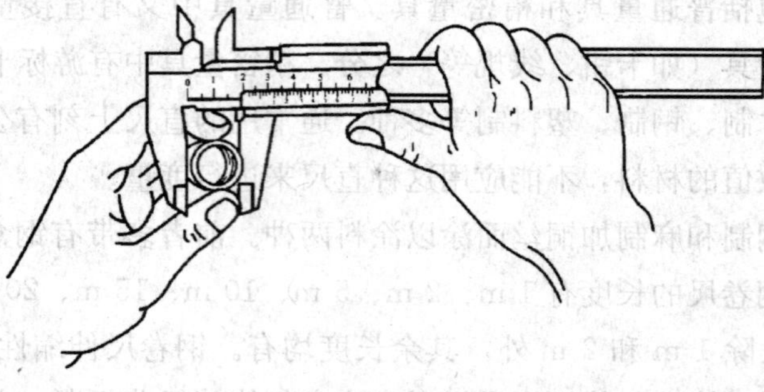

图 2—7　游标卡尺使用方法示意图

游标卡尺是由尺身和游标所构成的。游标为一游尺，可沿尺身左右滑动。尺身上的刻度线每格为 1 mm（见图 2—8 中的 a），游标上的刻度线每格为 0.9 mm（见图 2—8 中的

a)

b)

图 2—8　游标卡尺原理示意图

a）游标卡尺零位　b）游标卡尺读数

b)。若将尺身和游标零线后的第一条线对齐，则尺身与游标零线之间的差距为：1 mm－0.9 mm＝0.1 mm；若将尺身和游标零线后的第四条线对齐，则尺身与游标零线之间的差距为：（1 mm－0.9 mm）×4＝0.4 mm，依此类推。因此，只要看游标的第几条线与尺身的一条线对齐，就能知道尺身与游标两条零线之间相差几个 0.1 mm。

④千分尺。千分尺又称千分卡、分厘卡，也是一种常用的精密测量量具，其精度比游标卡尺高，适用于测量精度要求高的工件。

按千分尺的用途，可分为千分尺、内径千分尺、深度千分尺和螺钉千分尺等。在货物仓库经常使用的主要是千分尺，用于测量工件的外径。千分尺的构造如图 2—9 所示。

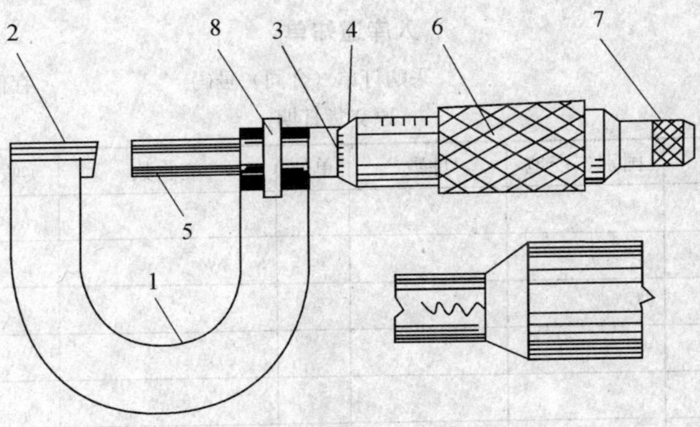

图 2—9　千分尺

1—框架　2—砧座　3—管套　4—螺母　5—测微螺杆

6—外套　7—棘轮　8—旋转圆环

千分尺的基本原理是利用螺旋原理，将旋转运动变为直线运动。它是利用一个螺母和测微螺杆，若螺距为 1 mm，当螺母固定时，测微螺杆正转或反转 1 周，就能前进或后退 1 mm。假如把测微螺杆的外圆进行 100 等分，当测微螺杆转过 1/2 周时，外圆上就是转过 50 个格，这时每格就代表 0.01 mm。当测微螺杆旋转 5 周又 15 个格时，相当于前进或后退 5.15 mm。

（3）落实入库货物的存放地点，选择合理的堆码垛形和保管方法。

（4）准备所需的苫垫堆码物料、装卸机械、操作器具和担任验收作业的人力。如是特殊性货物，还须配备相应的防护用品，采取必要的应急防范措施，以防万一。

（5）进口货物或存货单位要求对货物进行质量检验时，要预先通知商检部门或检验部门到库进行检验或质量检测。

2. 核对验收单证

核对验收单证与货物到达接受业务是同时进行的，它是确定该批货物是否符合收货条件的关键环节，也是进行验收的前提条件。

核对验收单证包括审核：业务部门提供的采购订单（或合同）、入库通知单（收货单）等；供货单位提供的质量证明书或合格证，装箱单或磅码单，检验单及发货清单等；运输单位提供的送货单、货物运输过程中的货物交接及事故记录等。核对凭证就是对上述证件、资料进行对照核实、整理分类。然后以单核货，逐项对应、件件过目。

核对验收单证按下列三个方面的内容进行：

（1）审核验收依据，包括业务主管部门或货主提供的采购订单（或合同）、入库通知单等（见表 2—1），它是验收的依据，供应商提供的所有凭证和货物必须与其相符。

表 2—1　　入库通知单

供货单位：　　采购订单（合同）号码　　存储仓库：

发票号码：　　原交货日期：　　货位号：

货号	品名、规格	国别、产地	件数	单位	应收数	实收数	单价	实收数金额
提货情况	提运员		起运地点		接运到库日期			
	运输工具		车船号		出厂日期			
	到站（港）日期		提货单号		储存期限			
备注：								

（2）审核承运商提供的送货单证，包括送货单（见表 2—2）和货物残损情况的货运记录、普通记录等。送货单证上必须标注采购订单（或合同）号，以便验收人员根据送货单中的采购订单（或合同）号查找对应的采购订单（或合同）。

表 2—2　　供方送货单

供方全称：　　供方编码：　　送货单号：

收货仓库：　　出货仓库：　　制单日期：

运输车牌号：　　联系电话：　　送货地点：

备注：

采购订单号	货物编码	货物描述	送货量	要求送货时间	单位	合计	合格

续表

采购订单号	货物编码	货物描述	送货量	要求送货时间	单位	合计	合格
供方经办人：		需方收货人：		收货日期：			

（3）审核供货单位提供的验收凭证，包括质量保证书、装箱单、码单、说明书和保修卡及合格证等，验收凭证是供方提供该批货物质量、数量证明及售后服务保证的凭证。

在核实以上凭证中，如果发现送货单证、货物与采购订单（或合同）或入库通知单不符等情况，应立刻征求采购部门或货主的意见，决定拒收或接收。若接收，则要求采购部门或货主提供书面意见，并将该批货物作为待处理货物，并进行待处理标识。

3. 实物验收

对经过办理货物接收手续，符合验收条件的货物，可以进行实物验收。

实物验收包括内在质量、外观质量、数量、重量和精度验收。当商品入库交接后，仓库管理员应将商品置于待检区域，并进行待检标识，及时进行外观质量、数量、重量及精度验收，并进行内在质量报检。

（1）外观质量验收。外观质量鉴定，是运用人体感觉器官的看、听、摸、嗅来鉴定的。

看（视觉）：观看货物外表有无变形、裂痕、翘皮、砂眼、变色、虫蛀、污痕、生霉、涂层脱落、氧化、溶解、渗漏、挥发、沉淀、混浊、破损等异状。

听（听觉）：对易碎货物，如玻璃器皿，摇晃容器，听内容物有无破碎杂音，判断其有无破碎。

摸（触觉）：用手触摸货物的含水量程度，或有无黏结、潮湿、干硬、结块、老化等异状。

嗅（嗅觉）：鼻嗅货物是否已失应有的气味，或有串味，及有无露臭异味（毒害性物品禁止嗅闻）。

另外，包装的好坏与干湿对货物的安全储存、运输有着直接关系，必须严格进行验收。凡在合同上订明包装规定的，应按规定进行验收。货物在交接中，特别要注意外包装是否完好。外包装的异状，一般有以下几种情况：

人为的挖洞、开缝，通常是被盗窃的痕迹。

水渍、潮湿，是雨淋水湿或货物本身出现潮解、渗漏的现象。

污染，一般是由于配装不当，而引起货物间相互沾染。

包装破损。由于包装结构不良、包装材质不当或装卸过程中乱摔、乱扔、碰撞等造成的包装破损。

包装含水量多少，以不影响货物质量为原则。根据实践经验，介绍几种主要包装的安全含水量以供参考：

木箱：一般不得超过21%，内装易霉、易锈货物的不得超过18%。

纸箱：五层瓦楞纸的外包装不得超过12%；三层瓦楞纸的外包装不得超过10%。

胶合板箱：一般不得超过15%。

布包、麻包：一般不得超过9%。

在测定包装含水量时，要在不同部位上进行查看和测定。因木箱四周箱板的含水量不一致，测定的比例可适当大一些；其他如纸箱、胶合板箱、布包等，其含水量相对稳定些，各部位的含水量也比较一致，只需测定包装的一面即可，测定的比例也可少一些。

感官鉴定法是工作实践中采用较普遍的方法，它在长期工作实践中积累了丰富的经验，是值得重视和研究的。科学的发展并不预示着感官鉴定法将失去其作用，而是需要把感官鉴定结果提高到科学理论上去认识，使之更具有科学性。

要准确地进行外观质量检验，就要求保管员拥有丰富的识货能力和判断经验。外观质量验收的内容，包括外包装完好情况，外观质量缺陷、受损情况及受潮、霉变和锈蚀情况等。

（2）数量验收

1）点件法：指逐件清点。适合散装或非定量包装的计件商品。

2）抽验法：指按一定比例开箱点件。适合批量大、定量包装的计件商品。

3）检斤换算法：指通过重量过磅换算该商品的数量。适合商品标准和包装标准的计件商品。

（3）重量验收。商品的重量一般有毛重、皮重、净重之分。毛重是指商品重量包括包装重量在内的实重。净重是指商品本身的重量，即毛重减去皮重的余数。我们通常所说的商品重量，是指商品的净重。重量验收是否合格，是根据验收的磅差率与允许磅差率的比较判断的。若验收的磅差率为负数，但未超出允许磅差率范围，说明该批商品重量合格；若验收的磅差率为负数，且超出允许磅差率范围，说明该批商品重量不合格。磅差是指由于不同地区的地心引力差异、磅秤精度差异及运输装卸损耗的因素造成过磅时出现的重量数值差异，如金属允许磅差率范围（见表2—3）。对于贵重金属，如金和银，则不允许存在磅差，须用天平验收。

表 2—3　　金属允许磅差率范围表

品种	有色金属	钢铁制品	钢材	生铁、废钢	贵金属
允许磅差率	±1‰	±2‰	±3‰	±5‰	0

重量验收结果有两种处理办法：一种是先付款后到货的情况，一般超过磅差范围，少则索赔，多则退回；另一种是先到货后付款的情况，一般在规定范围内按实际重量收货。重量验收主要包括以下七种方法：

1）检斤验收法。指对商品全部过磅的重量验收方法。适合非定量包装的、无码单的计重商品。检斤验收法的操作包括以下四个步骤：

①打捆，打捆的数量由通常的需求最小单元数量来确定，发货时采用销码方法，可以减少出库过磅作业及因多次过磅导致累计磅差的产生，造成账物不符。

②编号，对每捆按顺序编号。

③过磅，按编号进行过磅。

④填制码单，按编号将过磅结果填入码单（见表 2—4）。

$$实际磅差率=\frac{实收重量-应收重量}{应收重量}\times 1\,000‰$$

$$索赔重量=实收重量-应收重量$$

表 2—4　　磅码单

供货单位________　　品名________

合同编号________　　型号规格________

序号	重量（kg）	序号	重量（kg）	序号	重量（kg）
1		6		11	
2		7		12	
3		8		13	
4		9		14	
5		10		合计	

2）抄码复衡抽验法。指对定量包装的、附有码单的商品，按合同规定的比例抽取一定数量商品过磅的验收方法。适合定量包装并附有码单的计重商品。

$$抽验磅差率=\frac{\sum 抽验重量-\sum 抄码重量}{\sum 抄码重量}\times 1\,000‰$$

$$索赔重量=应收总重量\times 抽验磅差率$$

例题 2—1：某仓库进一批圆钢，共 90 t，其允许磅差率为±3‰，现抽验结果如下表：

编号	抽验重量（kg）	抄码重量（kg）
2	101	100
12	98	108
33	102	104
64	104	107
43	104	105
99	100	105
101	100	105

问：该批货物是否合格？若不合格需索赔多少 t?

解：

$$抽验磅差率=\frac{\sum 抽验重量-\sum 抄码重量}{\sum 抄码重量}\times 1\,000‰$$

$$=\frac{709-734}{734}\times 1\,000‰$$

$$=-34.1‰$$

该批货物短缺超过了允许磅差率，须索赔。

$$索赔重量=应收总重量\times 抽验磅差率$$

$$=90\times(-34.1‰)=-3.07\ (t)$$

即索赔 3.07 t

例题 2—2：某仓库进一批圆钢，其允许磅差率为±3‰，共 90 t，有 10%散包，散包部分经验收实际重量为 8 t，其他未散包部分的圆钢抽验记录如下表：

编号	抽验重量（kg）	抄码重量（kg）
21	100	98
15	101	108
3	102	104
64	105	107
43	104	105
99	100	105
105	101	103

问：该批货物是否合格？若不合格需索赔多少 t?

解：

①散包部分圆钢的磅差计算：

对散包圆钢验收应采用检斤验收法，即：

$$实际磅差率=\frac{实收重量-应收重量}{应收重量}\times 1\ 000‰$$

$$=\frac{8-90\times 10\%}{90\times 10\%}\times 1\ 000‰$$

$$=-111.1‰$$

散包圆钢短缺超过了允许磅差率，须索赔。

$$索赔重量=实收重量-应收重量=8-90\times 10\%=-1\ (t)$$

即索赔 1 t。

②未散包圆钢的磅差计算：

对未散包圆钢验收应抄码复衡抽验法，即：

$$抽验磅差率=\frac{\sum 抽验重量-\sum 抄码重量}{\sum 抄码重量}\times 1\ 000‰$$

$$=\frac{713-730}{730}\times 1\ 000‰$$

$$=-23.3‰$$

该批货物短缺超过了允许磅差率，须索赔。

$$索赔重量=应收总重量\times 抽验磅差率$$

$$=(90-90\times 10\%)\times(-23.3‰)$$

$$=-1.89\ (t)$$

即索赔 1.89 t。

③索赔总数的计数

$$索赔总重量=1+1.89=2.89\ (t)$$

3）平均扣除皮重法。即先将整批商品过磅求得总毛重，然后，按一定比例将包装拆下过磅，求得包装皮的平均重量，推算出总皮重，最终计算出总净重。该方法适合包装一致的、不宜打开所有包装验收的商品，如桶装液体货物。具体操作和计算方法如下：

①对整批商品过磅，求得总毛重；

②按一定比例将部分商品从包装中取出，称取包装物重量；

③计算平均皮重和总皮重

$$平均皮重=\frac{被称取的包装重量}{被称取重量的包装数量}$$

$$总皮重=平均皮重\times 总件数$$

④计算总净重

$$总净重=总毛重-总皮重$$

采用这种方法时，一定要合理选择应拆的包装物，以使净重更趋准确。验收结束后，对被称取重量的包装物进行标识，作为验收结果处理或索赔的依据。

4）除皮核实法。即对包装标有毛重、皮重和净重的商品，选择部分商品分开过磅，分别求得商品的皮重和净重，再对包装上标记的重量进行核对。若核对结果未超过允许差率，即可依其数值计算净重，其余包装不再每件过磅。

5）约定重量法。指存货方与保管方在签订仓储保管合同时，双方对商品的皮重已按习惯数值有所约定，则可遵从其约定净重，或双方对某些低值、量大不便称重的货物按容器体积大小约定货物的重量。

6）理论换算法。适合定尺长度的金属材料、塑料管材等。

常见的钢材理论换算公式如下：

①圆钢

直径为 20 mm，长度为 5 m 的圆钢规格表示方式：$\phi 20\times5\ 000$。

$$圆钢单位长度重量（kg/m）=0.006\ 165\ 4\times d^2$$

式中 d——直径（mm）。

②钢管

外径为 20 mm，壁厚为 4 mm，长度为 5m 的钢管规格表示方式：$\phi 20\times4\times5\ 000$。

$$钢管单位长度重量（kg/m）=0.024\ 66\times S\times（D-S）$$

式中 D——外径（mm）；

S——壁厚（mm）。

③方钢

边宽 20 mm，长度为 5 m 的方钢规格表示方式：$20\times20\times5\ 000$。

$$方钢单位长度重量（kg/m）=0.007\ 85\times d^2$$

式中 d——边宽（mm）。

④扁钢

边宽分别为 20 mm 和 10 mm，长度为 5 m 的扁钢规格表示方式：$20\times10\times5\ 000$。

$$扁钢单位长度重量（kg/m）=0.007\ 85\times d\times b$$

式中 d、b——边宽（mm）。

⑤钢板

厚度为 5 mm，长度和宽度分别为 2 m 和 1 m 的钢板规格表示方式：$5\times1\ 000\times2\ 000$。

$$钢板单位面积重量（kg/m^2）=7.85\times d$$

式中　d——厚度（mm）。

例题 2—3：某仓库验收一批 $\phi20\times5\ 000$ 圆钢，共 200 根，试计算该批圆钢的重量。

解：

$$圆钢单位长度重量=0.006\ 165\ 4\times d^2=0.006\ 165\ 4\times400=2.47\ (kg/m)$$

$$圆钢单件重量=2.47\times5=12.35\ (kg)$$

$$圆钢总重量=12.35\times200=2.47\ (t)$$

例题 2—4：某仓库验收一批 $\phi20\times4\times5\ 000$ 钢管，共 200 根，试计算该批钢管的重量。

解：

$$钢管单位长度重量=0.024\ 66\times S\times(D-S)$$
$$=0.024\ 66\times4\times(20-4)$$
$$=1.58\ (kg/m)$$

$$圆钢单件重量=1.58\times5=7.9\ (kg)$$

$$圆钢总重量=7.9\times200=1.58\ (t)$$

例题 2—5：某仓库验收一批 $5\times1\ 000\times2\ 000$ 钢板，共 200 块，试计算该批钢板的重量。

解：

$$钢板单位面积重量=7.85\times d=7.85\times5=39.25\ (kg/m^2)$$

$$钢板单件重量=39.25\times1\times2=78.5\ (kg)$$

$$钢板总重量=78.5\times200=15.7\ (t)$$

7）整车复衡法。整车复衡法指大宗无包装的商品，如煤炭、生铁、矿石等，检验时将整车引入专用地磅，然后扣除空车的重量，即可求得商品净重。适合散装的块状、粒状或粉状的计重商品。

仓库在重量验收过程中，要根据合同规定的方法进行。为防止人为造成磅差，一旦验收方法确定后，出库时必须用同样的方法检验商品，这就是进出库商品检验方法一致性原则。

（4）精度验收。精度验收主要包括仪器仪表精度和金属材料尺寸精度检验两个方面。对于仪器仪表精度检验时，除简易的指标在仓库验收时检验外，一般专门由质检部门检验或厂方负责质量检验，仓库免检。对于金属材料的尺寸精度检验，则是仓库的一项十分重要的工作。下面介绍金属材料尺寸精度检验的有关内容。

金属材料的尺寸，分公称尺寸和实际尺寸两种。

1）公称尺寸。是指国标和部标中规定的名义尺寸，即在生产过程中希望得到的理想尺寸。公称尺寸是生产、储运和使用的依据，但在实际生产中，产品的尺寸与理想尺寸总存在着一定的差距。

2）实际尺寸。就是在验收中所直接测得的长、宽和直径的尺寸。

3）尺寸精度。就是公称尺寸与实际尺寸的差异范围，包括偏差和公差。

偏差：指实际尺寸与公称尺寸之间的差数，实际尺寸小于公称尺寸，两者差数为负数，则称负偏差；实际尺寸大于公称尺寸，两者差数为正数，则称正偏差。

公差：指尺寸允许的误差。

金属材料在交货时，都有一定的正负偏差范围，凡经检验，其尺寸偏差在允许偏差范围内，则符合尺寸检验要求。

四、验收结果的处理

1. 凡必要的证件不齐时，保管人员可对已到库货物做待处理，进行临时妥善保管，待证件齐全后再进行验收。但保管人员应及时与有关方面联系，催促办理。

2. 供货单位提供的质量证明书，与规定的技术标准或与订货合同不符时，应立即通知货主，由货主与供货方交涉解决。

3. 当规格、质量、包装不合要求时，保管人员可先验收合格品；不合格部分应单独存放，进行查对，核实后记录不合格情况以及残损、降级程度，提供给货主向供货方交涉处理。在交涉期间，保管人员对不合格部分应妥善保管。

4. 重量发生溢、缺时，在规定的“衡器公差”以内，保管人员可按实际验收重量验收。超过规定“衡器公差”时，应进行核实并做出验收记录和磅码单，交货主向供货方交涉处理。

5. 凡有关证件已到齐，但在规定时间内货物尚未到库，保管人员应及时向有关方面查问处理。

6. 进口货物在订货合同上均规定有索赔期限。机械、电气仪表、车辆等，除索赔期外，还订有使用保证期。发现质量、规格、性能、数量、重量（除合理的衡器公差外）等有关问题，应在索赔期内对外提出索赔。合同订有使用保证期的，发现内在质量低劣、零件残损和性能不符合同规定，属于对方责任的，在使用保证期内也可对外提出索赔。

需对外提出索赔的进口货物，保管人员要及早核对验收报告及其他随货同来的资料，转告货主申请商检局检验出证。在未经商检局检验出证，或虽经检验出证提出退货、换货期间，保管人员都应将货物妥善保管，并保留好原包装物，以便供商检局复验，及备国外取样或来人复验。

五、入库手续

商品检验合格，即应办理入库手续，进行登账、立卡、建档，这是商品验收入库阶段的最后环节，也是一项严肃的基础工作。

1. 登账

商品入库登账，除仓库的财务部门有商品账凭以结算外，保管业务部门则要建立详细反映库存商品进、出和结存的实物明细账或库存明细账，用以记录库存商品动态，并为对账、盘点提供依据。实物明细账可分为无追溯性要求的普通实物明细账（见表2—5）和有追溯性要求的可追溯性实物明细账（即库存明细卡，见表2—6）两种。对只需反映库存动态的商品，如进入流通的商品或企业内的工具、备品备件等，可采用普通实物明细账记账。而对有区分批次和有追溯性要求的商品，如企业生产所需的零部件、原材料等，可采用可追溯性实物明细账记账。

表2—5　　实物明细账

货号________　规格________　计量单位________　最高存量________　安全存量________

存放地点________

年		凭证		摘要	入库	出库	结存	年		凭证		摘要	入库	出库	结存
月	日	种类	号码					月	日	种类	号码				

表2—6　　库存明细卡

货号________　规格________　计量单位________　存放地点________

年		凭证		摘要	入库		出库		结存		其中（A）			其中（B）			其中（C）		
月	日	种类	号码		批号	数量	批号	数量	批号	数量	批号	数量	货位	批号	数量	货位	批号	数量	货位

续表

年		凭证		摘要	入库		出库		结存		其中（A）			其中（B）			其中（C）		
月	日	种类	号码		批号	数量	批号	数量	批号	数量	批号	数量	货位	批号	数量	货位	批号	数量	货位

登账应遵循以下规则：

（1）登账必须以正式合法的凭证为依据，如商品入库单和出库单、领料单等。

（2）一律使用蓝、黑色墨水笔登账，用红色墨水笔冲账。当发现登账错误时，不得刮擦、挖补、涂抹或用其他药水更改字迹，应在错处画一红线，表示注销，然后在其上方填上正确的文字或数字，并在更改处加盖更改者的印章，红线画过后的原来字迹必须仍可辨认。

（3）记账应连续、完整，依日期顺序，不能隔行、跳页，账页应依次编号，年末结存后转入新账，旧账页入档妥为保管。

（4）记账时，其数字书写应占空格的2/3空间，便于改错。

2. 立卡

货卡又叫料签、料卡、保管卡。它是一种实物标签，上面标明货物的名称、规格、数量或出入状态等内容。它一般挂在上架货物的下方或放在堆垛货物的正面。货卡按其作用不同可分为货物状态卡、货物保管卡。货物保管卡包括标识卡和储存卡。

（1）货物状态卡。货物状态卡是用于制造企业表明物料所处业务状态或阶段的标识。根据ISO 9000国际质量体系认证的要求，在仓库中应根据货物的状态，按可追溯性要求，分别设置待检（黄色）、合格（绿色）、不合格（红色）和待处理（白色）等状态标识（见图2—10）。

1）待检状态：指到库物料和单证符合采购合同或采购订单要求，处于质量检验过程中的物料。

2）合格状态：指经质量检验合格的物料。

3）不合格状态：指经质量检验不合格的物料。

待检	合格	不合格	待处理
供应商名称________	供应商名称________	供应商名称________	供应商名称________
物料编码________	物料编码________	物料编码________	物料编码________
物料名称________	物料名称________	物料名称________	物料名称________
进货日期/批号/生产日期______	进货日期/批号/生产日期______	进货日期/批号/生产日期______	进货日期/批号/生产日期______
标记日期：____年___月___日	标记日期：____年___月___日	标记日期：____年___月___日	标记日期：____年___月___日
标记人________	标记人________	标记人________	标记人________
备注________	备注________	备注________	备注________

图 2—10　不同形式的货卡

4）待处理状态：指入库物料与采购合同或采购订单不符、紧急采购手续不全、质量检验有瑕疵等不易退货、需要相关部门处理的物料。

（2）货物保管卡。货物保管卡是用来表明货物名称、数量及进、出库及库存动态的卡片。

1）货物标识卡，用于表明货物的名称、规格、供应商和批次等。根据 ISO 9000 和 TS 16949 国际质量体系认证的要求，在仓库中应根据货物的不同供应商和不同入库批次，按可追溯性要求，分别设置标志卡，如图 2—10 中的合格货卡，一般情况下货物标志卡与合格货物状态卡合二为一使用。主要适合货物整批进、整批出的情况。

2）货物储存卡，是用于表明货物的入库、出库与库存动态的标志（见表 2—7 和图 2—11）。主要适合整批进、零星出的情况，物料、备品备件、半成品及成品保管一般都应设置储存卡。储存卡具有便于动态盘点、掌握库存动态及方便出入库作业等作用。

货物保管卡采用何种形式，应根据仓储业务需要来确定。

表 2—7　　货物储存卡

物料号________　　品名/规格________

年		摘要	收入数量	发出数量	结存数量
月	日				

续表

年		摘要	收入数量	发出数量	结存数量
月	日				

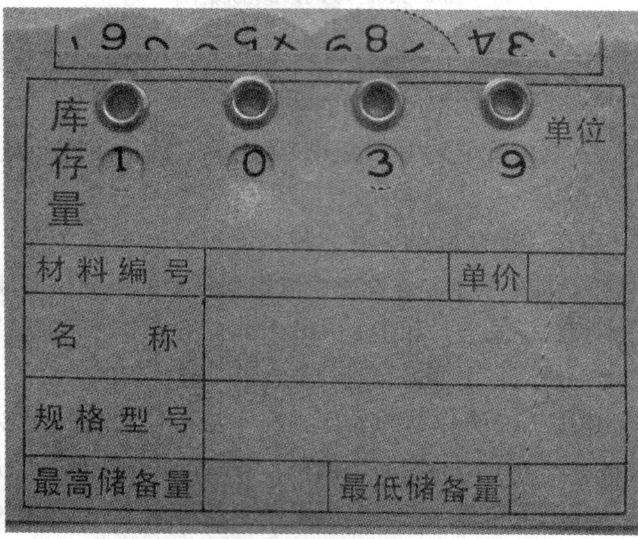

图 2—11　货物储存卡

3. 建立商品档案

建立商品档案是对商品出入库凭证和技术资料进行分类归档保存。建立商品档案的目的是为了更好地管理商品的凭证和资料，防止散失，查阅方便，同时便于了解商品入库前后的活动全貌，有助于总结和积累仓库保管经验，研究管理规律，提高科学管理水平。建立商品档案的要求有：

（1）商品档案应一物一档。存档资料包括：

1）商品出厂时的各种凭证和技术资料，如商品技术证明、合格证、装箱单、发货明细表等。

2）商品运输单据和事故记录。

3）商品验收的入库通知单、验收记录、磅码单、技术检验报告。

4）商品入库保管期间的检查、保养、损益、变动等情况的记录。

5）库内外温度和湿度记载及对商品的影响情况。

6）商品出库凭证。

（2）商品档案应统一编号，妥善保管。

在商品保管期间，可根据仓库情况，由业务机构统一管理或直接由保管员管理。某种商品全部出库后，除必要的技术证件必须随货同行不能抄发外，其余均应留在档案内，并将商品出库证件、动态记录等整理好一并归档。商品档案部分资料的保管期限，根据实际情况酌定。其中有些资料，如库区气候资料、商品储存保管的试验资料，应长期保留。

技能要求

重量验收（1）

操作准备：

提供 ϕ20×4×500 钢管 10 根，5 m 卷尺和游标卡尺。

操作步骤：

用卷尺测量钢管的长度，用游标卡尺测定钢管的外径和壁厚。

步骤 1　计算钢管的单位长度重量。

步骤 2　计算钢管单件重量。

步骤 3　计算钢管总重量。

注意事项：

要正确使用卷尺和游标卡尺，换算重量时要注意单位。

重量验收（2）

操作准备：

1. 提供送货单一份（见下表）

送货单

供应商：A　　　　送货单号：0001

收货人：B　　　　订单号：0001　　　　送货日期：　　年　　月　　日

品名	A 溶剂
规格	500 g/瓶
数量	50 瓶
重量	25 000 g
备注：	

收货人：　　　　收货日期：

2. 提供按顺序编号的 50 个容积相同的矿泉水瓶，每瓶装 500 g 左右的水（每瓶重量有所不同）。

3. 提供空白抽检记录表一份。

抽检记录表　　　　单位：kg

编号	抽验重量	抄码重量

仓库保管员：　　　　日期：

操作步骤：

步骤 1　审核送货单。

步骤 2　校正磅秤。

步骤 3　制作抽验记录表。

步骤 4　按规定比例随机抽检过磅。

步骤 5　填制抽检记录表，计算验收总重量。

步骤 6　计算抽检磅差率，确定处理意见。

注意事项：

允许磅差率：±3‰，抽检比例 20%。

模拟测试题

一、判断题（将判断结果填入括号中。正确的填“√”，错误的填“×”）

1. 验收就是检验货物的质量是否合格。（　）
2. 商品验收是仓储管理的关键。（　）
3. 商品验收标准和方法应由合同规定，并按合同实施。（　）
4. 验收凭证包括入库单、收料单、质保书和有关运输记录。（　）
5. 点件法适用于非定量包装的商品。（　）
6. 抄码复衡抽验法适合无包装的计件商品、无码单的机电商品。（　）
7. 整车复衡法适合煤炭商品。（　）
8. 外观质量验收包括商品组织结构、外包装、表面受损。（　）
9. 货卡是用来反映质量状态的卡片。（　）
10. 记账的依据是入库单、码单、出库单、正式合法的凭证。（　）

二、单项选择题（下列选项中只有一个正确的答案，请将相应的字母填入题内的括号中）

1. 商品验收是（　）。
   A. 仓储管理的核心
   B. 确保入库商品数量准确、质量完好的前提
   C. 仓储管理的关键
   D. 确保库存商品准确、完好的前提
2. 验收准备包括（　）。
   A. 工具、设备用具、人员准备　B. 货位、设备工具、人员准备
   C. 信息、货位准备、人员准备　D. 防护用品、货位准备、人员准备
3. 货位准备主要应考虑的因素有（　）。
   A. 商品性质、体积、重量、先进先出　B. 商品价值、体积、重量、出库方式
   C. 商品验收方法、体积、重量　D. 商品性质、体积、包装
4. 商品验收时发现问题，索赔的对象是（　）。
   A. 承运人　B. 收货人　C. 货主　D. 供应商
5. 及时验收有利于（　）。
   A. 降低成本　B. 确保质量　C. 提高效率　D. 不误索赔期
6. 属于验收凭证的是（　）。

A. 发货单　　B. 送货单　　C. 领料单　　D. 装箱单

7. 抽验法适合（　　）。

A. 定量包装的计重商品　　B. 定量包装的计件商品

C. 非定量包装的计件商品　　D. 定量、标码的计件商品

8. 检斤验收法适合（　　）。

A. 非定量包装、无细码单的计件商品

B. 定量包装、有细码单的计重商品

C. 非定量包装的计重商品

D. 定量、标码的计件商品

9. 理论换算法适合（　　）。

A. 非定量包装、无细码单的计件商品

B. 非定量包装、无细码单的计重商品

C. 定量包装的金属材料

D. 定尺钢材

10. 外观质量验收内容包括（　　）。

A. 商品质量、表面受损、缺陷情况

B. 外包装、外观受损、受潮、霉变、锈蚀情况

C. 数量、表面受潮、缺陷、规格情况

D. 重量、商品内在质量、缺陷情况

模拟测试题答案

一、判断题

1. ×　2. ×　3. √　4. ×　5. ×　6. ×　7. √　8. ×　9. ×
10. ×

二、单项选择题

1. B　2. B　3. A　4. D　5. D　6. D　7. B　8. C　9. D
10. B

第 3 章

装卸搬运作业

第 1 节　装卸搬运作业要求

学习目标

- 理解装卸搬运的概念和作用
- 掌握搬运的原则
- 理解装卸搬运的一般要求
- 掌握人力搬运和装卸危险品的要求

知识要求

一、装卸搬运的概念

在仓库作业的各个环节上，都伴有装卸搬运作业，如装卸车、上下磅秤、上下货垛等。严格地讲，装卸、搬运是两个不同的概念。所谓装卸是指货物在空间上发生的垂直方向为主的位移；而搬运则是指货物在仓库区域内所发生的短距离的水平方向的位移。两者既有区别，又有联系。货物在空间上发生绝对垂直位移或水平位移的情况极少，多数是两者的复合，有时以垂直位移为主（装卸），有时以水平位移为主（搬运），有时是两者同时或交替进行，故统称装卸搬运。装卸搬运是仓储活动实现货物空间移动的必要手段，搞好装卸搬运，对确保物流质量和安全、提高物流效率和降低物流成本有着十分重大的意义。

二、搬运原则

1. 不搬运原则。搬运不仅要耗费人力、物力，同时也会增加货物的破损概率。因此，企业合理搬运的基本出发点应是尽量不搬运。

2. 选择最佳搬运方式原则。根据货物的体积、质量和价值大小等，选择不同的搬运方式。

3. 选择最短搬运路线原则。最短的搬运路线，有利于减少搬运人员和搬运工具，缩短搬运时间。

4. 包装搬运原则。对于散件货物，搬运时，要尽量按类包装（如打捆、装箱等），然后再进行搬运。

5. 分类搬运原则。对于种类繁多的货物，最好按类搬运，以便于堆放、装卸和清点。

6. 不重复搬运原则。搬运前，应先对需搬运的货物搬运后如何放置做出规划，避免重复搬运，减少无效搬运。

7. 安全文明搬运原则。搬运时要注意人员和货物安全，避免人员伤亡和货物损坏。

三、装卸搬运的一般要求

1. 穿戴好规定的劳动保护用具，并检查所需要的搬运工具是否良好、完整。

2. 货物必须放平、放稳。

3. 多人操作时必须有人统一指挥，密切配合。

4. 机动车辆通行道上不得放置货物或杂物，以保持通道畅通。

5. 货物码放要稳固、整齐。码放高度：毛坯不准超过 2 m，木箱不准超过 2.5 m，以防倒塌。

6. 搬运物品时，不要因抄近路而穿过危险区。

7. 行车时不可站或坐在容易转动和脱落的部件上，更不准将腿、脚和身躯伸到车厢外。

8. 不可将货物卸在通道上，距离道路 1 m 以外才可放置。

9. 不准用人背易燃物品或腐蚀性物品（硫酸、火碱等），并检查容器与箱子是否稳固，防止液体外溢伤人。

10. 搬运的货物，如标明“小心轻放”“不可倒置”“防湿”等字样，应特别小心，不可大意，按标志要求装卸。

11. 使用撬棍时，要防止棍下垫块滑动。不要用力过猛，以防突然失手造成事故。

12. 搬运零散货物时，应检查包装是否牢固，避免货物跌落。

13. 不得在包装好的货物上行走。

14. 装卸危险品须获得危险品操作证书，持证上岗，严格按危险品安全操作规程执行。

15. 工作完毕应将所有搬运工具放入工具房内，将现场清理干净，并检查现场是否有火种，经检查确无问题后，才能离开现场。

四、人力搬运的要求

1. 搬运重物之前，应采取防护措施，戴防护手套、穿防护鞋和安全帽等。

2. 搬运重物之前，检查物体上是否有钉、尖片等物，以免造成损伤。

3. 应用手掌紧握物体，不可只用手指抓住物体，以免脱落。

4. 靠近物体，将身体蹲下，用伸直双腿的力量，不要用背脊的力量，缓慢平稳地将物体搬起，不要突然猛举或扭转躯干。

5. 当传送重物时，应移动双脚而不是扭转腰部。当需要同时提起和传递重物时，应先将脚指向欲搬往的方向，然后才搬运。

6. 应避免一下子将重物提至腰部以上的高度，而应先将重物放于半腰高的工作台或适当的地方，纠正好手掌的位置，然后再搬起。

7. 搬运重物时，应特别小心工作台、斜坡、楼梯及一些易滑倒的地方，搬运重物经过门口时，应确保门的宽度，以防撞伤或擦伤手指。

8. 搬运重物时，重物的高度不要超过人的眼睛。

9. 当有两人或两人以上一起搬运重物时，应由一人指挥，以保证步伐统一及同时提起和放下物体。

10. 当用小车推物时，无论是推、拉，物体都要在人的视野中。

五、装卸危险物品的要求

1. 作业前，安全管理部门应根据装卸危险物品的性质和作业环境，制定安全防护措施，向作业部门下达安全注意事项通知书。在安全措施没有落实的情况下，不得安排作业。

2. 装卸危险物品必须由经过培训的人员承担，作业部门必须按照装卸安全注意事项通知书中的要求做好安全防护工作，备足有效的防护用具，禁止违章作业。

3. 危险物品装卸前，应对车、船进行必要的通知和清扫，装卸后不得留有残渣，对装有剧毒物品的车、船，卸货后必须洗刷干净。

4. 危险物品的装卸人员，应按照装运危险物品的性质，佩戴相应的防护用品。装卸时必须轻装轻卸，防止撞击、重放、拖拉和倾倒，不得损毁包装容器，并注意标志，正确稳妥地堆放。

5. 严格禁止包装破漏的货物装船、装车，发货部门要认真把关。

6. 装运爆炸、剧毒、放射性、易燃液体、可燃气体等物品必须使用符合安全要求的运输工具。禁止用电瓶车、翻斗车、自行车等运输爆炸物品；禁止用叉车、铲车搬运易燃、易爆液化气体等危险物品。

7. 化学性质同防护方法或灭火方法相互抵触的化学危险物品，不得违反配制限制，混合装运。

8. 装卸毒害品、放射性物品的工具和防护用品应专具专用。凡是装卸危险物品用过的工具，作业完毕后要清洗并妥善保管。

第 2 节　仓储装卸搬运作业

学习目标

➢了解装卸搬运作业准备、选择装卸搬运工具、合理安排装卸的知识

➢掌握手动液压搬运车和半电动堆高车的规范操作要求

➢能够操作手动液压搬运车和半电动堆高车

知识要求

一、装卸搬运作业的准备

1. 决定装卸搬运作业方式。根据“物”的种类、体积、质量、到货批量、运输车辆或其他设施状况确定装卸作业方式，确定装卸设备及设备能力。

2. 决定装卸搬运场地。预先规划好装卸地点及卸后货物的摆放位置及放置状态，预告站台及车辆停靠位置等。

3. 准备吊具、索具等附属工具。配合装卸方式，选择和准备有效的吊索具是提高装卸效率、加快装卸速度及减少装卸损失的重要一环。

二、装卸作业方式与装卸工具和设备的选择

1. 成件包装货物装卸方式

货物成件包装一般要求每件质量不超过 50 kg，体积不超过 0.5 m^3。包装形式有软、半硬、硬包装三种。如家用电器、日用消费品、零部件等，都采用成件包装。它的装卸方式可选用人工装卸、利用各种手推车、人工操作的胶带输送机、固定吊杆和搬运车、各种移动式叉车等。其中小型升降式叉车并带托盘的装卸方式较好，叉车可以自由出入仓库和货棚，它的通用性强，也便于促进仓库作业全面机械化。

2. 长、大及重体货物装卸方式

大型设备、集装箱等，一般多装在敞车和平车上进行运输，并保管在露天场地或大型仓库内。可采用起升质量为 3 t、5 t、10 t 及以上的移动式起重机，如轮胎式、汽车式、履带式、轨道式起重机，同时配备各种器具（如偏正式夹钩、电磁铁盘、长大横梁带吊钩

等），也可使用3～5 t大型叉车。作业量较大时，可采用龙门起重机和桥式起重机。

3. 罐装货物装卸方式

由油罐车装载进库的汽油、煤油等具有挥发性、有毒性和易爆性，一般采用电动离心式油泵或油泵管路系统装卸。冬季装卸黏度大的油料时，须利用水蒸气或热水通过移动式蛇形管加热后方可进行装卸。桶装油料可用各种移动式起重机或叉车并带桶夹较为适宜。

4. 散装货物装卸方式

可采用备有自动抓斗的起重机、刮板机、高台站输送机等。

5. 危险品装卸方式

易燃固体压缩气体、易燃液体等危险品，采用成件包装方式并使用各种具有防爆性能的装卸设备。

三、合理选择装卸搬运方式的原则

1. 适应装卸的货物、包装和车辆的特征。如货物的单件规格、理化性能、包装的类别和车辆的类型等都要求具有相应技术特性的装卸设备。

2. 适应装卸作业的特点。现在一般仓库都有待装卸货物的品种多、作业不均衡、装卸次数多、装卸方向多变等特点。这些特点要求装卸设备的活动范围大、通用性强、机动灵活等，故多采用中小型叉车和轻胎式起重机等。专用装卸设备和固定活动范围的装卸设备，如龙门起重机、桥式起重机等，只适用于大量收发的重体货物。

3. 装卸方式的选择，要考虑到装卸设备的可靠性、节能性、工作手段多样化并具有可换性，还要参考投资和作业成本低、运用方便等因素。

四、提高装卸搬运效率的途径

1. 防止无效装卸

无效装卸的含义是消耗于货物必须装卸劳动之外的多余装卸劳动。一般装卸操作中，无效装卸具体反映在以下三方面：

（1）过多的装卸次数。物流过程中，货损发生的主要环节是装卸环节，而在整个物流过程中，装卸作业又是反复进行的。从发生的频数来讲，它超过任何其他活动，所以过多的装卸次数必然导致损失的增加；从发生的费用来看，一次装卸的费用相当于几十公里的运输费用，因此，每增加一次装卸，费用就会有较大比例的增加。此外，装卸又会大大减缓整个物流的速度，是降低物流速度的重要因素。

（2）过大的包装装卸。因仓储设施条件所限，过大包装装卸要求仓库配备大型装卸作业设备。在作业量不足时，设备利用率不高，从而会增加仓储成本。

（3）无效物质的装卸。进入物流过程的货物，有时混杂着没有使用价值的掺杂物，如煤炭中的矸石、矿石中的表面水分、石灰中的未烧熟石灰及过烧石灰等。在反复装卸时，实际对这些无效物质反复消耗劳动，因而形成无效装卸。

2. 充分利用重力和消除重力影响

在装卸时考虑重力因素，可以利用货物本身的质量，进行有一定落差的装卸，以减少或根本不消耗装卸的动力，这是合理化装卸的重要方式。例如，从卡车、铁路货车卸货时，利用卡车与地面或小搬运车之间的高度差，使用溜槽、溜板之类的简单工具，可以依靠货物本身质量，从高处自动滑到低处，这就不需消耗动力，降低作业成本。

有时在装卸时尽量消除或减少重力的影响，也会求得减轻体力劳动或其他劳动消耗的合理性。人力装卸时如果能配合简单机具，做到“持物不步行”，则可以大大减轻劳动量，做到合理化。

3. 充分利用机械，实现规模装卸

为了更多地降低单位装卸工作量的成本，对装卸机械来讲，也有规模问题。装卸机械的能力达到一定规模，才会有最优效果。追求规模效益的方法，主要是通过各种集装化实现间断装卸时一次操作的最合理装卸量，从而使单位装卸成本降低。

4. 提高“物”的装卸搬运活性和装卸搬运速度

装卸搬运活性的含义是指从物的静止状态转变为装卸搬运运动状态的难易程度。如果很容易转变为下一步的装卸搬运而不需过多地做装卸搬运前的准备工作，则活性就高；如果难以转变为下一步的装卸搬运，则活性低。如商品是否经过包装、商品是否带托盘以及托盘是否装在手推车上，其装卸搬运的难易程度不同，因而活性是不同的。

五、手动液压搬运车操作要求

手动液压搬运车是仓储搬运作业的基本设备之一，手动液压搬运车一般与托盘配合使用（见图 3—1、图 3—2）。

手动液压搬运车的操作要求如下：

1. 操作前检查事项

（1）液压系统是否正常。

（2）滚轮是否有异物卡住。

（3）作业空间是否足够。

2. 操作注意事项

（1）运载货物整齐码放在托盘上，货物不得倒置，标志朝外。

（2）必须将搬运车叉口完全插入托盘内，才能进行搬运作业。

图 3—1　手动液压搬运车

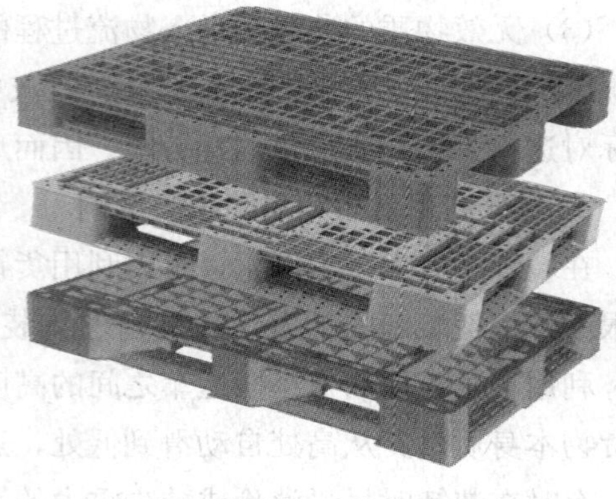

图 3—2　托盘

（3）严禁装载不稳定或松散包装的货物。

（4）使用搬运车时，严禁将手和脚伸到货叉下面。

（5）操作时严禁速度过快。

（6）不得在斜坡上使用，如果使用过程中要经过斜坡，斜面倾斜度应不大于千分之二，且托盘是空载，其叉臂朝下坡方向。

（7）搬运车空载时严禁载人。

（8）搬运车不用时，必须空载，货叉高度降低到最低位置，存放在规定的地点。

（9）搬运车的载重不得超过 2.5 t，搬运货物的高度不能遮住操作者的视线。

（10）损坏的搬运车必须及时进行维修或报废，不得带病使用。

3. 维护与保养

（1）每日清洁搬运车外表及清除负荷轮与转向轮中的异物。

（2）每周为轴承上润滑油。

（3）每月检查液压系统，防止密封圈损坏导致液压系统失灵。

（4）每年对快速提升机构进行检查或更换。

六、半电动堆高车操作要求

半电动堆高车是仓储堆码的基本设备之一（见图 3—3）。

半电动堆高车的操作要求如下：

1. 行驶

车辆行驶以前应检查刹车和泵站的工作状况，并确保蓄电池被完全充电。双手握住操纵手柄，用力使车辆慢慢向工作货物行驶。如果要停车，可使用手刹制动或脚刹。

2. 卸货

（1）在货叉低位的情况下与货架保持垂直，小心接近货架然后插入货盘底。

（2）回退堆高车，让货叉移出货盘。

（3）升起货叉到达要求的高度，慢慢移动到待卸货盘处，同时确保货叉容易进入货盘并且货物处在货叉的安全位置上。

（4）提升货叉直到货盘从货架上被抬起。

（5）在通道中慢慢后退。

（6）缓慢放低货物，同时确保货叉在降低过程中不接触障碍。

注意：货物升起过程中，转向和刹车操作必须缓慢、小心。

图 3—3 半电动堆高车

3. 堆垛

（1）保持货物低位，小心接近货架。

（2）提升货物到货架平面的上方。

（3）慢慢向前移动，当货物处在货架上方时停止，在这个点上放下货盘并注意货叉不给货物底下的货架施力，确保货物处在安全位置。

（4）缓慢回退并确保货盘处在牢固的位置。

（5）放低货叉到堆高车可以行驶的位置。

4. 禁止事项

（1）禁止酒后操作半电动堆高车。

（2）禁止超载、货物堆叠不均匀、不平坦。

（3）禁止骑跨操作。

（4）禁止停放在坡道或台阶上。

技能要求

手动液压搬运车操作

操作准备：

1. 提供手动液压搬运车一台，托盘若干个，设置手动液压搬运车停车位、托盘存放区、货物储存区1、货物储存区2和货物储存区3（见下图），规定作业时间。

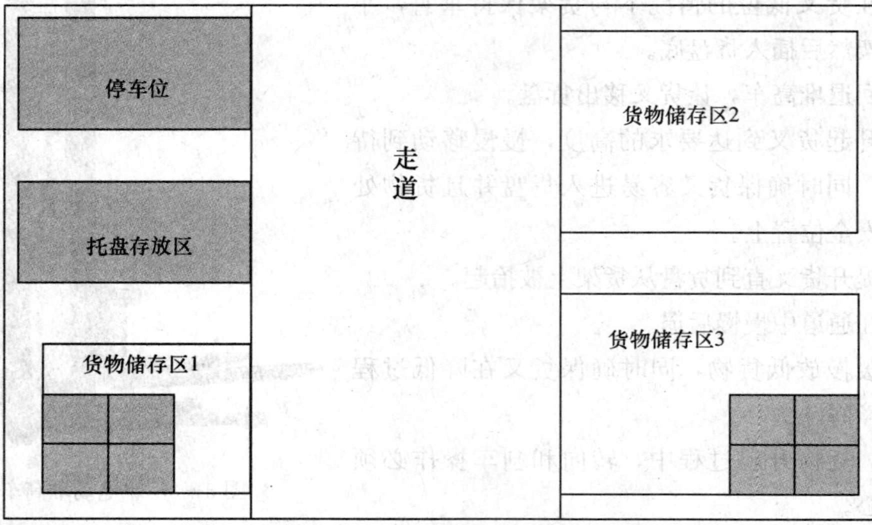

2. 在货物储存区1和货物储存区3存放若干模拟的箱装货物（货物置于托盘上，共2层）。

操作步骤：

步骤1　将液压搬运车移至托盘存放区，叉取托盘运至货物储存区1。

步骤2　按规范要求将货物码放在托盘上（共2层），并将货物运至货物储存区2指定位置。

步骤3　将货物储存区3的货物运至物储存区1的指定位置。

步骤4　将液压搬运车放回原处。

注意事项：

整个作业过程必须符合手动液压搬运车的规范操作要求，并在规定时间内完成。

半电动堆高车操作

操作准备：

1. 提供半电动堆高车一台，托盘若干个，设置半电动堆高车停放处、托盘存放区、若干货物储存区和货架（二层货架，每格设2个货位）（见下图），规定作业时间。

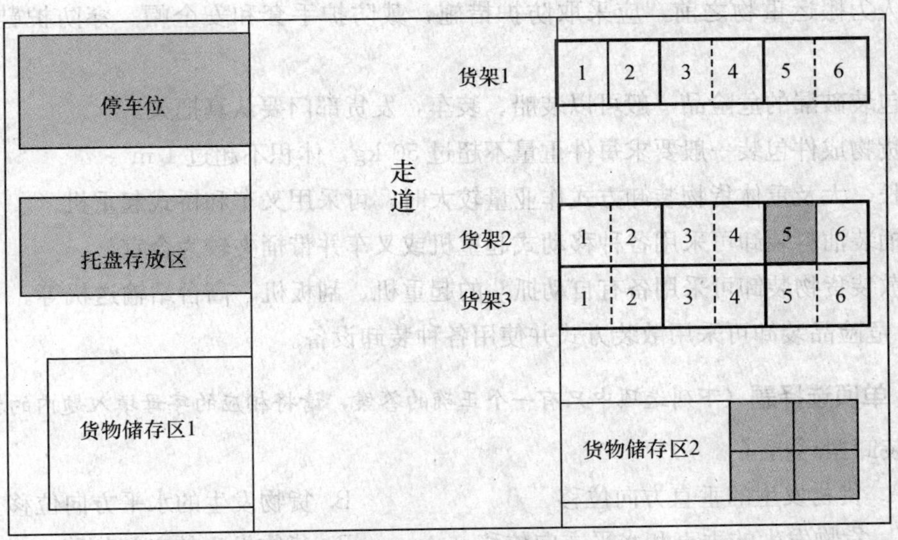

2. 在储存区2和货架2的第二层货位5存放若干模拟的箱装货物（货物置于托盘上，共2层）。

操作步骤：

步骤1　将半电动堆高车移至托盘存放区，叉取托盘运至货物储存区2。

步骤2　按规范要求将货物码放在托盘上（共2层）、将货物运至货架1，第二层货位1。

步骤3　将货架2的第二层货位5的货物，搬运至货架1，第二层货位2。

步骤4　将半电动堆高车放回原处。

注意事项：

整个作业过程必须符合半电动堆高车的规范操作要求，并在规定时间内完成。

模拟测试题

一、判断题（将判断结果填入括号中。正确的填"√"，错误的填"×"）

1. 装卸搬运与堆码作业的准备，包括决定装卸作业方式、决定装卸场、准备吊具和索具等附属工具。（　　）

2. 手动液压搬运车操作前检查事项包括液压系统是否正常、滚轮是否有异物卡住、性能是否正常。（　　）

3. 手动液压搬运车不用时必须空载，货叉降低到离地面10 mm位置，存放在规定的地点。（　　）

4. 人力搬运重物之前，应采取防护措施，戴防护手套和安全帽、穿防护鞋、口罩、眼镜等。（　　）

5. 包装破漏的危险品一般可以装船、装车，发货部门要认真把关。（　　）

6. 货物成件包装一般要求每件重量不超过 50 kg，体积不超过 1 m^3。（　　）

7. 长、大及重体货物装卸方式作业量较大时，可采用叉车和桥式起重机。（　　）

8. 桶装油料装卸可采用各种移动式起重机或叉车并带桶夹较为合宜。（　　）

9. 散装货物装卸可采用备有自动抓斗的起重机、刮板机、高台站输送机等。（　　）

10. 危险品装卸可采用散装方式并使用各种装卸设备。（　　）

二、单项选择题（下列选项中只有一个正确的答案，请将相应的字母填入题内的括号中）

1. 装卸搬运指（　　）。

A. 货物发生的垂直方向位移　　B. 货物发生的水平方向位移

C. 货物发生的垂直和水平方向位移　　D. 货物发生的空间位移

2. 搞好装卸搬运的意义体现在对（　　）的影响。

A. 物流质量、物流程序、物流安全、物流成本等方面

B. 物流方式、物流效率、物流安全、物流成本等方面

C. 物流质量、物流效率、物流安全、物流成本等方面

D. 物流质量、物流效率、物流环境、物流成本等方面

3. 装卸搬运时，木箱的码放高度不准超过（　　）。

A. 2 m　　B. 2.5 m　　C. 3 m　　D. 3.5 m

4. 装卸搬运时，距离道路（　　）以外，才可放置货物。

A. 2 m　　B. 1 m　　C. 3 m　　D. 3.5 m

5. 手动液压搬运车载重量不得超过（　　）。

A. 1 t　　B. 2.5 t　　C. 1.5 t　　D. 2 t

6. 装卸危险品须获得（　　）操作证书，持证上岗。

A. 物流师　　B. 危险品

C. 仓库中级保管工　　D. 叉车

7. 防止无效装卸具体包括防止（　　）。

A. 过多的装卸次数、过大的包装装卸、无效物质的装卸

B. 过少的装卸次数、过大的包装装卸、无效物质的装卸

C. 过多的装卸次数、过小的包装装卸、无效物质的装卸

D. 过多的装卸次数、过大的包装装卸、有效物质的装卸

8. 货物活性系数最小的是（　　）。

A. 有包装的货物　　B. 存放在托盘上的货物

C. 散装的货物　　D. 存放在车辆上的货物

9. 成件包装货物装卸作业设备应采用（　　）。

A. 各种手推车、输送机、叉车带托盘

B. 输送机、集装箱、汽车吊

C. 履带吊、轨道起重机、自动爪斗起重机

D. 刮板机、高台输送机、电动离心式油泵

10. 笨重、长、大货物装卸作业设备应采用（　　）。

A. 输送机、集装箱、汽车吊

B. 汽车式、龙门式、桥式起重机

C. 履带吊、轨道起重机、自动爪斗起重机

D. 刮板机、高台输送机、电动离心式油泵

模拟测试题答案

一、判断题

1. √　2. ×　3. ×　4. ×　5. ×　6. ×　7. ×　8. √　9. √　10. ×

二、单项选择题

1. C　2. C　3. B　4. B　5. B　6. B　7. A　8. C　9. A　10. B

4

第 4 章

商品储存保管

第 1 节　商品储存

学习目标

➢理解分区分类、专仓专储、先进先出、有效面积和可用高度等基本概念

➢掌握合理储存的原则

➢掌握合理储存应考虑的因素

➢能够根据给定商品和仓库条件，确定商品的可堆层数

知识要求

一、商品的合理储存原则

1. 分区分类

分区分类是商品保管保养的一种科学方法，也是仓储管理的一种制度。分区分类就是根据商品性质、保管要求、消防方法等，将库房、货棚、货场划分为若干保管商品的区域，进行分类储存的方法。也就是说，性质互有影响、保管要求不同、消防方法不同的商品不能储存在一处。分区分类可以使储存条件和环境适应商品储存保管的需要，同时，根据商品的自然属性、保管要求及消费需求相关性把商品划分为若干类别，以便分类集中保管。除特殊性质的商品外，一般商品储存都应实行分区分类管理。

（1）分区分类的作用

1）有利于商品安全保管。分区分类可使商品存放有条不紊，确保商品的安全。可避免不同性质的商品混存一处，互相影响，发生霉烂变质、燃烧爆炸和错收、错发等事故而造成的损失。

2）有利于合理使用仓容。同类商品集中存放，有利于在安全的原则下集零为整，从而节约仓容面积。

3）有利于缩短商品收、发货作业时间。由于同类商品或发往同一流向的商品集中存放，便于组织收、发货作业，做到先进先出，提高出入库效率，缩短作业时间。

4）有利于保管员掌握商品进出库活动规律，熟悉商品性能，提高保管技术水平。

5）有利于业务管理。可以有计划地安排使用货位，便于配备各项设备用品，合理组

织劳动力，加强商品养护，为贯彻责任制以及实行其他科学管理方法创造条件。

（2）分区分类的方法。规划分区分类之前，要调查研究购销业务部门需要入库储存的商品情况。主要包括：

1）经营的品种、数量与进出库的批量；

2）商品性能、包装状况及其所需的保管条件、消防要求；

3）商品收发、装卸、搬运等所需的机器设备和工作量的大小；

4）仓储商品收发方式、大致流向和周转期；

5）有无特殊的保管、验收和理货要求等。

通过对购销业务活动的调查与分析，分清在性能、养护和消防方法上一致的各类商品所需仓容，考虑对储存、吞吐条件的要求，结合仓库的具体设备条件，即可进行分区分类。

商品分区分类的管理方法，大致有以下三种：

1）按商品种类和性质进行分区分类。这是大多数仓库采用的分区分类方法，就是按货主单位经营的商品来分类，把性能互不影响、互不抵触的商品，在同一库房内划定在同一货区里集中储存。如针织品分类中的毛巾、手帕、衬衫、袜子；日用小五金分类中的钥匙、别针、发夹、指甲钳、电池等。但是，为了便于保管，有的也应以不同的品种、包装、进货对象，在大货区中划分若干小货区集中储存。如以纸张为例，可按扎头纸、夹板纸、卷筒纸等不同的包装划区储存。

2）按商品发往地区进行分区分类。它主要适用于储存期不长，而进出量较大的中转仓库或待运仓库。具体做法是商品按交通工具划分为公路、铁路、水运，再按到达站、港口的路线划分。这种分区分类方法，虽然不分商品种类，但对危险品、性能相互抵触的商品，也应分别存放。

3）按商品危险性质进行分区分类。它主要适用于特种仓库，即根据危险品本身具有不同程度的易燃、易爆、毒害等特性进行分区分类储存，以免相互接触发生燃烧、爆炸等反应。

（3）分区分类的注意事项

1）凡一个单位经营的商品，只要性质相近，有消费连带关系的，要尽量安排在一起储存。

2）按商品性质和仓库设备条件安排储存。如对怕热的商品要存放在保温库、地下室、半地下室和温度较低的库房内；对怕冻商品要安排在保温库或暖库储存；对怕潮、易溶、易锈等商品，要安排在楼仓的上层或比较干燥的库房内储存。

3）互相影响、不宜混存的商品，一定要隔离存放。化学危险品与一般商品不能混存一库；相互串味、影响质量的商品不得混存一库；毒品与食品要严格分存；含水量不同的商品不能混存一库。

4）按作业安全、方便分区分类。如出入库频繁的商品，要安排在靠近库门处；笨重长、大的商品，不宜放在库房深处；易碎商品避免与笨重商品存放在一起，以免在搬运时影响易碎商品安全。

5）消防灭火方法不同的商品不得在一起储存。

2. 专仓专储

专仓专储是指针对某些性质特殊、不宜与其他商品共储的商品（货物），或为了仓库业务管理和操作的方便，在仓库中找出（或安排）专门仓间，进行专门储存的方法。如化学危险品与一般商品不可混存一库；茶叶、食糖、香烟、化肥等相互串味、影响质量的商品不可混存一库；毒品与食品要严格分存；含水量不同的商品不能混存一库。

3. 科学堆码

科学堆码是指商品堆码要做到确保商品安全，充分利用仓容量，便利仓库作业。

（1）科学堆码的原则。指安全（人员、商品、设备）、多储（充分利用仓容量）、方便（仓库作业）。

（2）商品科学堆码的方式主要有以下三种：

1）散堆法。适用于存放没有包装的商品，如煤炭、钢材、石灰、粮食、食盐等大宗商品。

2）货架堆码法。适用于小五金、小百货、交电零件等小件商品。

3）垛堆法。适用于堆放有外包装的商品（如箱、桶、袋、篓等）或不需要包装的大五金商品（如自行车、缝纫机）、摩托车、木材等。

4. 先进先出

先进先出指按商品进入仓库时间的先后顺序，先入库的商品先出库。同时，也考虑商品保质期的前后时间，先到保质期的要先发货。

先进先出可以通过查询实物明细账中商品入库时间或对实物进行标识来实现，确保商品储存质量完好及不超过保质期。

二、合理储存应考虑的因素

1. 有效面积

有效面积是指库房或货场中实际用来储存货物的面积，即从仓库内墙所包含的面积去除走道、支道、墙距、柱距、垛距等所剩的面积。有效面积的大小对仓库储存能力有直接影响。

（1）走道。即人工和机械装卸搬运的作业通道。走道的宽度是由仓库作业方式来确定的。

（2）支道。即人工装卸搬运和日常管理的作业通道。

（3）墙距。指货物货垛或货架与库房内墙壁之间的距离。这是为确保库房建筑安全而设置的，同时，也是为了防止墙壁的潮气影响货物质量，便于开关窗户，通风散潮，检点货物和进行消防工作，墙距还是消防的通道。

（4）柱距。指货垛与支柱之间的距离。这是为确保库房支柱安全而设置的，还可防止货物受柱子潮气而影响货物质量。

（5）垛距。指货垛与货垛之间的必要距离。

2. 可用高度

库房可用高度是指实际允许货物堆码的高度，即库房横梁高度除去顶距，或照明灯高度除去灯距后的高度。

（1）顶距。顶距指货垛顶端与库房横梁之间的必要距离。留出顶距的目的主要是为便于通风散潮、查漏接漏、隔热散热，也是消防安全的要求。根据消防部门的有关规定，顶距一般不得低于 0.5 m（见图 4—1）。

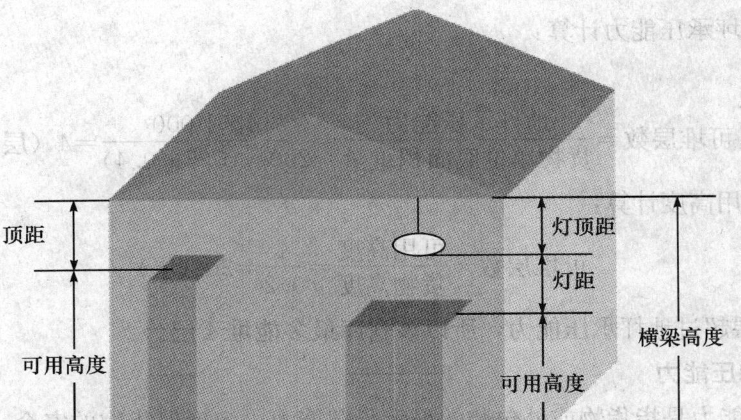

图 4—1　顶距、灯距示意图

（2）灯距。它指货垛与照明设备之间的必要距离。留出灯距的目的主要是为防止照明灯接近货物而影响货物质量或引起火灾事故。根据消防部门的有关规定，灯距一般不得低于 0.5 m（见图 4—1）。

货物不超高的可堆层数计算公式如下：

$$货物堆码层数=\frac{可用高度}{货物高度}$$

其中：可用高度=库房横梁高度−顶距，或可用高度=库房横梁高度−灯顶距−灯距。

3. 地坪承压能力

地坪承压能力是指地坪单位面积的最大承载能力，其大小由地坪设计载荷来决定。应会同当地建筑部门，根据原来的建筑结构，结合折旧程度来核定仓库地坪每平方米可承载多少重量。地坪承压能力以 t/m^2 为计算单位，货物不压坏地坪的可堆层数计算公式如下：

$$货物堆码层数=\frac{地坪承压能力}{货物单位底面积重量}$$

其中：$货物单位底面积重量=\frac{每件货物的毛重}{每件货物的底面积}$

例题 4—1：某仓库购进一批轴承，每箱的长 0.5 m、宽 0.4 m、高 0.2 m，毛重 200 kg，仓库的可用高度为 4 m，地坪承压能力为 4 t/m^2。

问：该仓库最多能堆几层？

解：

（1）按地坪承压能力计算：

$$可堆层数=\frac{地坪承压能力}{货物单位底面积重量}=\frac{4\times1\,000}{200/(0.5\times0.4)}=4\text{（层）}$$

（2）按可用高度计算：

$$可堆层数=\frac{可用高度}{货物高度}=\frac{4}{0.2}=20\text{（层）}$$

因为 20 层超过地坪承压能力，所以该仓库最多能堆 4 层。

4. 货物承压能力

货物承压能力是指货物或外包装的最大承载能力。为确保货物的安全，一般货物或外包装的承压能力都有明确规定。在确定堆码高度时，必须考虑货物或外包装的承压能力，货物不压坏底层货物的可堆层数计算公式如下：

$$可堆层数=\frac{货物承压能力}{单件货物重量}+1$$

例题 4—2：某仓库进了一批木箱装的罐头食品 100 箱。每箱毛重 30 kg，箱底面积为 0.3 m^2，箱高 0.25 m，木箱上标志显示允许承受的最大压力为 100 kg，地坪承载能力为 5 t/m^2，库房可用高度为 4.5 m，若不采用货架储存，求该批货物的可堆层数及货垛高度。

解：

（1）按地坪承压能力计算：

$$可堆层数=\frac{地坪承压能力}{货物单位底面积重量}=\frac{5\times1\,000}{30/0.3}=50（层）$$

（2）按可用高度计算：

$$可堆层数=\frac{可用高度}{货物高度}=\frac{4.5}{0.25}=18（层）$$

（3）按货物承压能力计算：

$$可堆层数=\frac{货物承压能力}{单件货物重量}+1=\frac{100}{30}+1\approx4（层）$$

因为4层<18层<50层，所以该批货物的可堆层数是4层。

货垛的高度为：$4\times0.25=1$（m）。

在确定可堆层数时，除了要考虑底层货物承压能力外，一般实重货物（1 t货物的体积≤2 m^3），如金属材料、水泥制品和桶装液体货物等，主要考虑地坪承压能力；轻泡货物（1 t货物的体积>2 m^3），如塑料制品、木材制品、仪器仪表等，主要考虑可用高度。

技能要求

堆高层数估算

操作准备：

1. 提供同一规格的货物（纸箱）若干个，设定其单件货物毛重和承压能力。
2. 设置一定空间作为模拟仓库，设定地坪承压能力和可用高度（顶距为0.5 m）。

操作步骤：

步骤1　测量货物长、宽、高及库房可用高度，计算不超高的可堆层数。

步骤2　计算不压坏地坪的可堆层数。

步骤3　计算不压坏货物的可堆层数。

注意事项：

写出计算公式，在规定时间内完成操作。

第 2 节　合理堆码与苫垫

学习目标

- ➢理解货物堆码的基本要求
- ➢掌握货物堆码的基本形式及其使用情况
- ➢掌握“五五化”堆码方法
- ➢掌握苫盖的方式及其要求
- ➢能够根据不同种类货物合理选择堆码方式

知识要求

货物经验收合格，根据仓库储存规划确定货位后，就要进行堆码和苫垫作业。妥善的堆码、苫垫是货物保管保养中的一项重要工作，也是确保货物质量和提高仓库利用率的必要措施。

一、堆码技术

货物堆码，是指货物堆垛操作方式、方法的总称。它是根据货物的包装、外形、保管要求，结合仓库设备条件、储存时间长短，将货物按一定规律堆成各种形状货垛的方法。

货物的堆码方式直接影响着货物的保管。合理的堆码，能使货物不变形、不变质，保证货物质量的完好及储存安全，同时还能提高仓容的利用率，并便利货物的保管保养和收发。

1. 货物堆码的基本要求

（1）对堆码货物的要求。货物在正式堆垛时，必须具备以下条件：

1）货物的数量、质量已彻底查清。

2）包装完好，标识清楚。

3）外表的尘土、雨雪等已清除，不影响货物质量。

4）受潮、锈蚀以及已发生某些质量变化或质量不合格的部分，已经加工恢复或者已剔除另行处理，与合格品不相混杂。

5）为便于机械化操作，金属材料等该打捆的已经打捆，机电产品和仪器仪表等可集中装箱的已装入适用的包装箱。

（2）堆码场地的要求

1）库内堆码，货垛应在墙基线和柱基线以外，垛底需垫高。

2）货棚内堆码需防止雨雪渗漏，棚内两侧或四周必须有排水沟或管道，棚内地坪应高于棚外地面，最好铺垫沙石并夯实。堆垛时要垫垛，一般垫高 20～40 cm。

3）露天堆垛，堆垛场地应坚实、平坦、干燥、无积水及杂草，场地必须高于四周地面，垛底还应垫高 40 cm。四周必须排水畅通。

（3）堆码的基本要求

1）合理。垛形必须适合货物性质特点，便于货物保管保养，并有利于货物的先进先出。

2）牢固。货垛必须不偏不斜，不压坏底层货物和地坪。

3）定量。堆码货物不得超出有效面积范围，其重量不得超过地坪最大承压能力，高度不得超出可用高度。货垛的每层数量也应定量，如实行码成各种总数为五的倍数的“五五化”堆码，便于记数和发货。

4）整齐。堆码货物的包装标识必须一致向外。货物沿走道、支道画线堆码，排列整齐有序、清洁、美观。

5）节省。要节省货位，提高仓容利用率，减少作业环节，提高作业效率。

2. 堆码的基本形式

货物堆码有各种形式，采用何种垛形，应根据货物的包装、重量、设备的条件等情况来确定。常见的货物垛形有重叠式、纵横交错式、仰伏相间式、压缝式、通风式、栽柱式、衬垫式、串联式等。

（1）重叠式。货垛各层货物的排列方法和数量一致。它是仓库中最常用的货物堆码的垛形，也是机械化作业的主要垛形之一，适用于体积较大、包装质地坚硬的货物，如各种板材、集装箱及其他箱装货物。其优点是空间利用率高，配备托盘可采用机械化操作。木板、塑料板及钢板等板材堆码时，一般以五张或十张为单位适当错位，便于计数和装卸作业（见图 4—2a、图 4—2b）。

（2）纵横交错式。它是将长短一致、宽度排列能与长度相等的货物，一层横放，一层竖放，纵横交错堆码，形成方形垛。它适合长短一致的长条形货物，如小型方钢、钢锭、长短一致的管材、棒材、狭长的箱装及袋装货物等。这种垛形也是机械码垛的主要垛形之一（见图 4—3a、图 4—3b、图 4—3c）。

（3）仰伏相间式。其方法是仰伏互相交错堆码，而使货垛牢固。适合钢轨、槽钢、角钢和工字钢等货物。在露天货场堆码，应注意一头高一头低，以便于雨水排放（见图 4—4）。

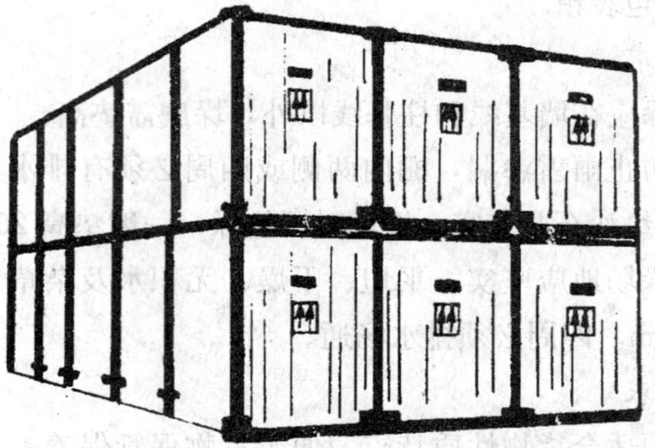

a)

b)

图 4—2 重叠式堆码

a）箱装物资重叠式堆码 b）钢板重叠式堆码

（4）压缝式。这是圆柱形货物普遍采用的堆码方法。每层货物有规则的排列组成，使每件货物跨压下层两件的货物，上下层每件货物形成丁字交叉，形成相对独立的小垛；若干小垛同样堆码，紧密相挨形成一个大货垛。这种堆码的优点是：层层压缝，货垛稳固，不易倒塌；储存大宗货物时便于分批出库，逐一腾出小垛占用的仓容。它适合桶装货物、大型钢管、阀门、缸、建筑卫生陶瓷等堆码，在化工、建筑和金属仓库中最常用。压缝式堆码有两种方法：一种是垂直堆法，适合装有液体的金属桶（见图 4—5a）；另一种是水平堆法，适合空金属桶、大型管材等，堆码时为防止货物滚动必须在底层两端塞入木塞（见图 4—5b）。

a)

b)

c)

图 4—3 纵横交错式堆码

a）袋装货物纵横交错式堆码 b）有色金属锭材纵横交错式堆码 c）金属管材纵横交错式堆码

（5）通风式。即在每件货物的前后左右留出一定的空隙，每层之间有衬垫材料。通风垛形很多，常见的有“井”字形、“非”字形、“示”字形等。其优点是容易散发货物中的温度和水分，适用于易霉变、需通风散潮的货物，如木材制品等（见图 4—6a、图 4—6b）。

（6）栽柱式。其方法是在货垛的两旁各栽两三木柱或钢棒，然后将中空钢、钢管等长、大五金材料平铺在柱子中，在货物两侧相对立的柱子中用铅丝拉紧，以防倒塌。此种堆码方式多用于货场，适用于货场堆放的长、大五金货物，长条形金属材料，如圆钢、中空钢、钢管等（见图 4—7）。

图 4—4　仰伏相间式堆码

a)　　　　　　b)

图 4—5　压缝式堆码

a）垂直堆法　b）水平堆法

（7）衬垫式。其方法是在每层或每隔两层货物之间夹进衬垫物（如木板、硬板纸等），利用衬垫物使货垛的横断面平整，货物互相牵制，以加强货垛的稳固性。此法适合堆码圆柱状货物以及无包装的机电货物，如电动机、阀门等（见图 4—8a、图 4—8b）。

（8）串联式。该方法适用于圆形成圈（或环形）的铅丝、盘条、电线等货物。其堆码方法是把一层货物的一半压在另一圈货物上，如此顺序排列，上一层的货物又向相反的方向用同样方法顺序排列，依次堆高。其优点是既可以使货垛稳固，又能够节约仓容（见图 4—9）。

a)

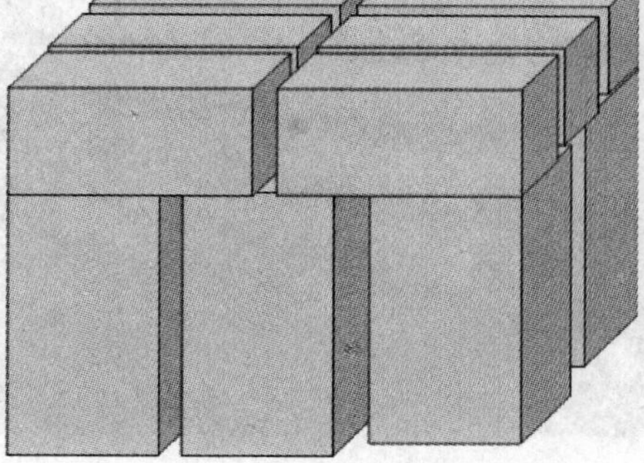

b)

图 4—6　通风式堆码

a)“井”字形堆码　b)“示”字形堆码

图 4—7　栽柱式堆码

货物堆码形式除上面几种较定型的码法外，在实际工作中还要结合企业货物的具体特点而灵活应用。对某些形状特殊的货物，还应不断设计新的垛形。

3. “五五化”的堆码方法

“五五化”就是以五为基本计算单位，码成各种总数为五的倍数的货垛，即大的货物码成五五成行，矮的码成五五成堆，带眼的码成五五成串。这种码垛方法适用于堆码按件计算的货物，最大的优点是便于计数，减少差错，有利于快进快出，提高工作效率。在企业仓库管理中是一种行之有效的堆码速计方法。

“五五化”的堆码方法本身只提出了货物堆码中每层、每批的计算原则，并不解决垛形问题，因此，各种不同的货物仍然有各种不同的“五五化”垛形。在确定各种货物的“五五化”堆码时，同样必须符合前述堆码的基本要求，特别是不应为了追求形式上的

a)

b)

图4—8　衬垫式堆码

a）圆柱状货物衬垫式堆码　b）电动机衬垫式堆码

图4—9　串联式堆码

“五五化”，而多占货位或多费劳动力。对于“五五化”堆码必须因物因地制宜。常见的“五五化”堆码方法有直立五、平行五、三二五、一四五等（见图4—10）。

二、苫垫技术

“苫”是指在货垛上加上遮盖物，“垫”是指在货物垛底加衬垫物。货物苫垫是防止各种自然条件对库存货物质量产生不良影响的一项安全措施。货物在堆码时需要垫垛，露天存放的货物在垫垛以后，还应妥善地苫盖，才能减轻货物受雨、露、潮气侵蚀和受日光暴晒的危害，所以苫垫是保管保养货物的必要措施。

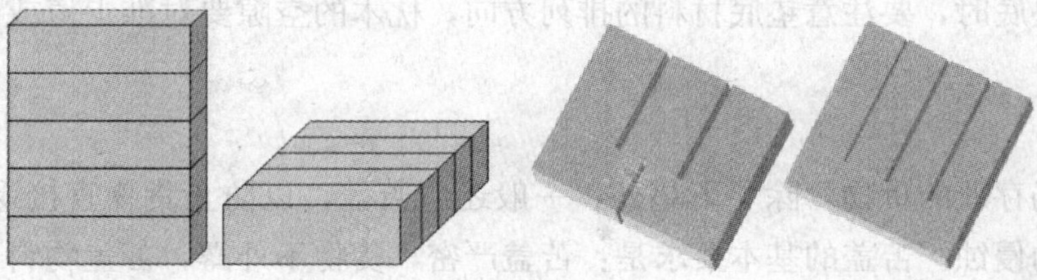

a) b) c) d)

图 4—10 “五五化”堆码示意图

a）直立五 b）平行五 c）三二五 d）一四五

1. 垫垛

垫垛是货物在堆垛前，按垛形的大小和负重，先行垫放垫垛物。垫垛材料一般采用专门制作的水泥墩或石墩、枕木、木板及防潮纸。由于垫垛是一项重复而又繁重的劳动，所以现在正在逐步推行固定式的垛基，它可以不移动地重复使用，节省劳动力，提高作业效率。可用水泥预制件代枕木用。垫垛的目的是使货物免受地面潮气自垛底侵入，并使垛底通风。

（1）垫垛的基础要求

1）地面一定要平整夯实，防止承载负荷后下沉、倾斜倒塌造成货物变形和损坏。

2）下垫必须保证雨水不浸入、不潮湿，通风良好。

3）要疏通排水沟道，防止积水浸泡。

库内和货棚内的垫垛可根据地坪和防潮要求而定。

（2）垫垛方法

1）在露天货场垫垛。首先把地面平整夯实，再摆放水泥墩、石墩或建固定式垛基。墩（基）与墩（基）之间留有一定距离，促使空气流通，必要时墩上可铺一层防潮纸，而后再放置货物。垫垛的高度，露天货场可保持在 40 cm 上下。

2）在库房和货棚内垫垛。水泥地面一般只需垫水泥条、枕木或仓板，高度 20 cm 即可。防潮地面、楼层干燥地坪可以不垫垛，铺一层防潮纸即可。有些箱装、成包、成件货物，箱上或包上已有垫木的，也可不再垫垛。化工材料、棉麻、动植物制品及其他易受潮变质的货物，应尽可能加高垫层，使垛底保持良好通风。对于货物本身具有排水性、又没有严格要求通风的货物（如沥青）和使用时必须重新加工的原料（如生铁），也可以不进行垫垛。

3）底层库房（货棚）垫底。要视库房地面干湿程度确定垫垛高度。一般货物底垫一层枕木或一层托盘，离地面 15～20 cm。怕潮货物垛底应加垫芦席、油毛毡或塑料薄膜等隔潮材料。垫底时，要注意垫底材料的排列方向，枕木的空隙要对准走道或门窗，以利通风散潮。

2. 苫盖

露天货场存放的货物，除了下垫外，一般还应苫盖，以防止货物直接受雨、露、雪、风沙及阳光的侵蚀。苫盖的基本要求是：苫盖严密，货物不外露，苫盖物料不拖地。刮风不开，下雨不漏，垛要起脊，肩有斜度。严禁平台垛、凹心垛。需苫盖的货物在堆垛时，要注意选择和堆成可以苫盖的垛形，一般屋脊形的堆垛容易苫盖。对有排水性能，不怕雨、雪、风及日光侵蚀的货物，或使用时必须进行再加工的原材料，如生铁，也可以不苫盖。

（1）苫盖材料。一般用铁皮、席子、油毡纸、塑料布、苫布等。仓库应尽量利用旧包装铁皮改制成苫盖材料，苫布价值较高，适于临时使用。一般的仓库多使用席子和油毡纸作苫盖材料。苫盖时间较长的垛，可用两层席子，中间夹一层油毡纸，按照适当规格预制成苫瓦，使用时方便，拆垛后还可以再次利用。

（2）苫盖方法。苫盖方法一般有以下四种：

1）就垛苫盖法。将苫盖物直接覆盖在货垛上的苫盖法。一般适合屋脊形货垛或大件包装货物的苫盖（见图4—11）。

2）隔离苫盖法。将苫盖物覆盖在预先制作的三脚架上，使苫盖物与货物保持一定空隙（见图4—12）。这种方法主要适用于怕热、怕潮货物。操作时，货垛与苫盖物之间可用席片、竹片隔离。

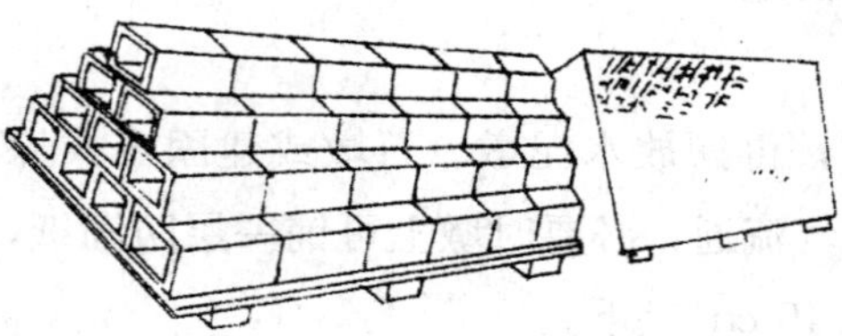

图4—11 就垛苫盖法示意图

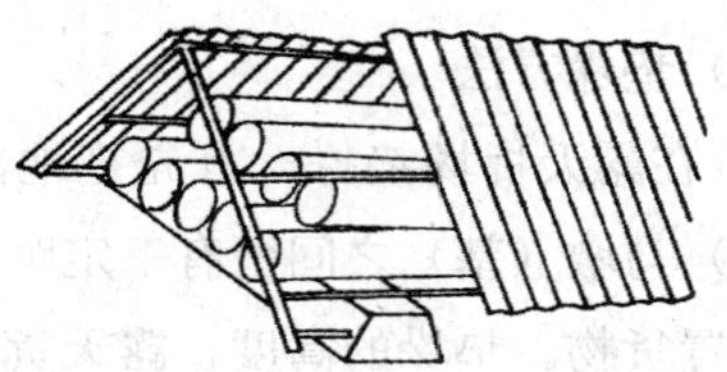

图4—12 隔离苫盖法示意图

3）鱼鳞式苫盖法。将苫盖物自货垛底部逐层向上围盖，从外形看呈鱼鳞状（见图4—13a），围席不能露出货物，不能拖地（见图4—13b），便于垛底通风。

4）活动料棚苫盖法。利用废次钢材或木材制成棚架，在棚架上面及四周铺围玻璃钢瓦或铁皮等物，并在棚柱底部装上轮子。整个货棚可沿固定轨道移动，其外形与固定货棚相似，但无基础工程（见图4—14）。

活动料棚的类型较多。按棚架移动的动力不同，分为人工推动式、电力机械驱动式；

图 4—13　鱼鳞式苫盖法示意图

a）鱼鳞式苫盖法外形　b）垛底捆扎示意图

图 4—14　活动料棚苫盖法

按棚架间搭接方式不同，又分为单轨上承式、单轨重叠式、双轨套装式等。

由于活动料棚是近年在我国发展起来的一种新型苫盖方法，因此无论在棚架设计上，还是在使用上，都存在一些问题，如防湿、除雾性差等，有待在实践中不断完善。

技能要求

堆码方式识别

操作准备：

在模拟仓库货位上堆放几堆货物（钢管、圆钢、角钢、板材、易拉罐、纸箱等），其中设置部分堆码存在问题。

操作步骤：

步骤 1　说明给定货物正确的堆码方式。

步骤 2　根据给定的货物，指出堆码存在的问题。

步骤 3　对给定的所有货物重新堆码。

注意事项：

若一种货物可能有几种堆法，应分别进行堆码。

第 3 节　盘点与检查

学习目标

➢了解盘点的目的

➢掌握盘点的方法及步骤

➢掌握盘点结果的处理方法

➢了解仓库检查的内容

➢会进行盘点作业

知识要求

一、商品盘点的目的和方法

商品盘点是对库存的全部商品数量进行仔细核对，清点实存数，查对账面数的业务活动。

1. 盘点目的

商品盘点是保证库存商品达到账、货、卡完全相符的重要措施之一。库存商品必须经常保持数量准确和质量完好，才能更有效地为生产、流通提供可靠的库存依据。

通过盘点可以发现库存商品数量上的溢余、短缺、规格互串等问题，以便及时查找，分析原因，采取措施，挽回和减少损失。同时，还可附带检查库存商品有无质量变化、残损等问题。库存盘点对于巩固商品保管成果，提高账货相符率，保持库存数量真实和提高保管质量有重要意义。

2. 盘点方法

（1）日常盘点。日常盘点又称为永续性盘点或动态盘点，是保证库存商品账、货、卡相符的基本方法。它是对发生进出库业务的商品，及时查点结存数或在当天完成的盘点方法。这样，发现问题快，可减少差错，提高账货相符率，及时挽回损失。

（2）定期盘点。定期盘点又称为全面盘点，是库存盘点的主要方式。由仓库主管领导会同仓库保管工按月、季、年度，对库存商品进行一次全面的清查盘点，故亦称为期末盘点，通常多用于清仓查库或年终盘点。盘点的工作量大，检查的内容多，一般把数量盘点、质量检查、安全检查结合在一起进行。开展盘点前，对账、卡要核对一次，盘点时必须两人进行，采取以货找账的方法，要求对全部库存商品逐垛、逐品种地核对。账货相符的，要在账页上和货垛上做出盘点标识；不相符的，逐笔做出记录。盘点完毕，需把账页从头到尾仔细检查一遍，如发现无盘点标识的账页，应立即查明原因，及时处理。盘点结束后，保管员应做出盘点记录，注明账货相符情况，在规定时间内向上级报告。

（3）临时盘点。临时盘点又称为突击性盘点，是指根据工作需要或在台风、梅雨、严寒等季节而定的临时性突击盘点。当商品突击出入库时，日常盘点没有及时跟上，在突击出入库结束后，必须进行临时性的局部或全部盘点。保管员调离工作岗位与接替的人员交接工作时，在仓库主管或组长的监督下，交接双方进行临时性盘点，以划清所保管商品的数量和质量责任界限。有时发生意外事故（如失窃），或对库房、货垛有疑问时，也可以组织有关人员临时突击盘点。

（4）循环盘点。是指按照商品入库的先后顺序，不论是否发生过进出业务，有计划地进行循环盘点。每天、每周按顺序分部分进行盘点，到月末或期末则每项商品至少完成一次盘点。

（5）重点盘点。是指对商品进出动态频率高的，或者是易损耗的，或者是昂贵商品进行盘点。

库存商品的盘点，由于品种多、数量大，每次盘点都要花费很大力量。为了提高盘点效率，要做到货垛标识清楚，货位号准确，分层分批拆垛，零头尾数及时倒并。

3. 盘点计数方法

库存商品的数量有计件、计重、计尺之分。盘点时，应根据具体情况认真办理。

（1）计件商品。以件（箱、捆、包）为单位的商品先清点件数，再换算成计账单位数与账、卡核对。特别要注意包装容量不同的商品，要分别清点，以免造成盘点错误。

（2）计重商品。计重商品有两种情况：一种是有标准重量的商品，只要件数相符，即作重量相符。另一种是无标准重量的商品或散件商品，原垛未动的，可复核原磅码单，磅码无误，即作账货相符；原垛已经出动的，存量较大，可进行理论换算，如无较大短缺迹象，暂作账货相符，待出清后按实结算；零头尾数有疑问者应过磅计量，如不超过规定损耗率，作账货相符，如超过规定损耗率，作不符处理。

（3）计尺商品。包装容量一致的计尺商品，以件为单位计数；包装容量不一致的计尺商品，必须逐件核对磅码单。

二、盘点的步骤

1. 盘点准备

（1）盘点前检查仓储操作中所有的出入库单据是否确认完毕。

（2）盘点人员分组，每组两人，仓储和财务部门各一人。

（3）每组负责一定区域，区域的划分要规则，或是按排划分，或是按层划分。

2. 生成盘点表

选定盘点区域，根据库存表，进行盘账，制作盘点表（见表4—1）。

3. 初盘

根据盘点表指示，找到对应货位，仓储部人员负责清点商品，财务部人员负责在盘点表上做记录。为提高盘点效率，对盘点结果正确的物品在记录行备注栏上打钩确认，错误的物品要记录实盘的情况。

表4—1　　　　　　　　　　　　盘点表

盘点仓库　　　　　　　　　　　　　　　　　　　　日期：

货位	物品名称	规格	单位	期初库存	本月收入	本月支出	账目库存	实盘数量	损耗	盈余	备注

仓储主管：　　　　　　盘点人：　　　　　　复盘人：

4. 复盘

初盘完毕，对存在差异的物品进行复盘，填制盘点差异处理表（见表4—2），盘点人员在盘点差异处理表上签字确认。

表4—2　　　　　　　　　　盘点差异处理表

盘点单号	差异货位	物品名称	差异类型	规格/型号	单位	差异数量	盘点人	审核人	差异原因
处理意见	仓储主管：								
	财务主管：								
	领导指示：								

5. 盘点报告

根据盘点差异情况，编制盘点报告，分析盘盈盘亏、差异原因。

6. 盘点结果处理

盘点结果一般有查明差异，分析原因；认真总结，加强管理；上报批准，调整差异。

7. 储存场所的清理

对于盘点后的账、卡、单据应及时整理，同时打扫盘点相关货位、库房，对清理出来的呆滞货物、不良品、废次品，应明确标准，以待处理。

8. 盘点数据的录入

盘点时，保管人员将盘点结果输入计算机，并对盘点中的差异进行复核；对所报的货物损益进行复核，并打印出库存损益单；最后生成损益结算的财务凭证。

9. 差异因素的查找

凡发现盘点数字与账、卡数据不相符时，应立即组织调查，找出原因，及时纠正。

三、盘点结果处理

1. 盘点结果处理原则

（1）报盈亏业务。报盈亏业务是指针对在仓储管理中合理的货物损耗填制盈亏报表，报领导批准的过程。

（2）报损业务。报损业务是指针对在仓储管理中超过允许的合理的货物损耗范围，应填制报损单，并写明损耗原因，经领导处理、审批后报损。一般情况下，保管员应承担一定的经济责任。

2. 发生盈亏的原因分析

（1）货物入库登账卡时看错数字。

（2）运输途中发生的损耗在入库时未发现。

（3）盘点工作计数的错误。

（4）由于自然特性，某些货物因挥发、吸湿而使重量增加或减少。

（5）因气候影响而发生腐蚀、硬化、变质、生锈、发霉等。

（6）液体货物因容器破损而流失。

（7）单据遗失，收发货物未予过账。

（8）捆扎包装错误使数量短缺。

（9）衡器欠准确或使用方法错误。

3. 盘点后的处理工作

（1）核对盘点单据。盘点开始发给盘点人员的盘点单，须经统一编号、记数；盘点后按编号、发出数收回，以防最后计算上的疏漏。

（2）核账。盘点单是盘点实际库存数的原始记录，而后凭其与货物账、卡核对。

（3）追查发生盈亏的原因。将盘点单与货物账、卡进行核对，结果发生盈或亏时，要分析追查原因，一般可能有如下一些原因：

1）盘盈、盘亏的结论是否真实，是否因凭证遗失而造成错误。

2）盘点有无遗漏。

3）发生盘盈、盘亏的数量，是否在定额损耗之内和允许磅差之内。

4）发生盘盈、盘亏的原因分析是否合理。

（4）盘盈或盘亏的处理。原因查清之后，要研究处理办法，办理调整货物账、卡的手续。

（5）编表与分析。货物盘盈、盘亏与金额增减处理完后，编制货物盘点分析表，作为库存货物管理考核用。

四、仓储商品检查

由于仓库储存的商品品种规格繁多，进出频繁，而且各种自然条件在不断变化，极易造成库存商品数量和质量的变化。

为了保证在库储存保管的商品质量完好、数量齐全，必须进行经常和定期的查质量、查数量、查保管条件、查计量工具、查安全等全面的检查工作。

1. 检查内容

（1）查质量。检查在库商品质量有无变化，包括受潮、沾污、锈蚀、发霉、干裂、虫蛀、鼠咬，甚至变质等情况；检查有无超过保管期限和长期积压现象；检查技术证件是否齐全，是否证物相符；必要时，还要进行技术检验。

（2）查数量。查商品的数量是否准确；查账卡的记载是否准确，核对账、卡、物是否一致。

（3）查保管条件。查堆码是否合理稳固；苫垫是否严密；库房是否漏水；场地是否积水；门窗通风洞是否良好；库内温度和湿度是否符合要求；库房内外是否清洁卫生；保管条件是否与各种商品的保管要求相符合等。

（4）查计量器具。检查计量器具和工具，如皮尺、磅秤等是否准确，使用和养护是否合理。检查时要用标准件校验。

（5）查安全。检查各种安全措施和消防设备、器材是否符合安全要求；检查建筑物是否损坏而影响商品储存等。

2. 检查方法

检查的方法分为以下三种：

（1）日常性检查。是指保管员每日上下班时，对所管商品的安全情况、保管状况、计量工具的准确性、库房和货场的清洁整齐等的检查。这是保管员每日必须进行的一项工作。

（2）定期检查。是指根据季节变化和工作需要，由仓库领导者组织有关方面的专业人员，对在库商品进行定期检查。即雷雨季节前后，组织质量和保养情况的检查；暑热季节前，对怕热商品的防热措施的检查；寒冬季节前，对冬防措施的检查；以及节假日前，组织安全措施的检查等。

（3）临时性检查。是指风雨前后、有灾害性气象预报时所组织的临时性检查，或者是根据工作中发现的问题而决定进行的临时性检查。如在暴雨、台风到来前，要检查建筑物是否承受得住风雨袭击，水道是否畅通，露天货场苫盖是否严密牢固，风雨过后再检查有无损失等。

3. 检查中发现问题的处理

（1）商品有变质迹象或发生变质时，应按维护保养要求处理，查明原因，提出改进措施。

（2）对超过保管期或没超过保管期、但质量要求不能继续存放的，应通知货主及时处理。

（3）已破损的，应查明原因，协商处理。

（4）数量有出入的，应弄清情况，查明原因，分清责任。造成短少、溢余的原因主要有：磅差、计量方法不对、自然损耗、责任损益等。

（5）检查结果和问题应详细记录。

技能要求

盘 点 作 业

操作准备：

在模拟仓库货位上堆放几堆货物，提供相应的盘点货物清单和库存明细表。

操作步骤：

根据指定的盘点范围，对货物进行盘点，填写盘点表和盘点差异记录表。

注意事项：

写出盘点差异的主要原因。

模拟测试题

一、判断题（将判断结果填入括号中。正确的填“√”，错误的填“×”）

1. 仓库管理工作就是做好收发货工作。（ ）
2. 分类储存的原则是分区分类、科学堆码、货架陈列、合理养护。（ ）
3. “五五化”堆码是以五为基本计算单位的堆码方法。（ ）
4. 堆码的基本要求是合理、牢固、整齐、节省、定量。（ ）
5. 工字钢货物可采用的垛形是仰伏相间式。（ ）
6. 桶装液体货物可采用的垛形是压缝式。（ ）
7. 货物储存是为了保证供应，因此，储存量越多越好。（ ）
8. 当货物到，凭证未到，而生产又急需，一般可按实物记账验收和供应。（ ）
9. 日常盘点只适合进出库不频繁、大批量的货物。（ ）
10. 库存货物盈亏是指货物短缺在一定范围内。（ ）

二、单项选择题（下列选项中只有一个正确的答案，请将相应的字母填入题内的括号中）

1. 按货物进入仓库时间的先后顺序，先入库的货物先出库是（ ）储存原则。

A. 分区分类　B. 科学堆码　C. 先进先出　D. 专仓专储

2. 卷烟与茶叶、化学危险品与一般货物、毒品与食品不可混存一库是货物（ ）的储存原则。

A. 分区分类　B. 科学堆码　C. 先进先出　D. 专仓专储

3. 衬垫式堆码适合（ ）。

A. 无包装的机电产品　B. 桶装货物

C. 散装货物　D. 罐装货物

4. 通风式堆码适合（ ）。

A. 罐装货物　B. 桶装货物　C. 木材制品　D. 袋装货物

5. 栽柱式堆码适合（ ）。

A. 小型圆钢、钢管　B. 桶装货物　C. 散装货物　D. 罐装货物

6. 串联式堆码适合（ ）。

A. 轮胎　B. 桶装货物　C. 散装货物　D. 袋装货物

7. 货垛不超高可堆层数计算公式是（　　）。

A.（库房横梁高度－顶距）/每件货物高度

B.（每件货物实占面积×每平方米核定载重量）/每件货物毛重

C.（库房实际高度－垛距）/每件货物体积

D.（每件货物实占面积×每平方米核定载重量）/每件货物净重

8. 盘点的方法包括（　　）。

A. 期末盘点、大数盘点、循环盘点、重点盘点、全面盘点

B. 动态盘点、循环盘点、重点盘点、全面盘点、临时盘点

C. 动态盘点、日常盘点、重点盘点、全面盘点、期末盘点

D. 期末盘点、动态盘点、循环盘点、大数盘点、全面盘点

9. 仓库检查的内容包括（　　）。

A. 查数量、查质量、查保管条件、查验收工具、查隐患

B. 查数量、查质量、查保管条件、查隐患、查安全

C. 查数量、查质量、查保管条件、查验收工具、查安全

D. 查数量、查质量、查隐患、查验收工具、查安全

10. 合理盈亏的处理是（　　）。

A. 报盈亏　　B. 报亏　　C. 报盈　　D. 报损

模拟测试题答案

一、判断题

1. ×　2. ×　3. √　4. √　5. √　6. √　7. ×　8. ×　9. ×　10. ×

二、单项选择题

1. C　2. D　3. A　4. C　5. A　6. A　7. A　8. B　9. C　10. A

第5章

商品养护基础知识

第 1 节　商品养护概述

学习目标

➤了解商品养护的概念及目的
➤掌握商品养护的基本要求

知识要求

一、商品养护的概念

商品从生产到消费，必须经过流通环节。商品的储存是流通过程中不可缺少的重要环节。所谓商品养护，主要是指商品在储存过程中所进行的保养和维护工作。商品养护是从商品学中分离出来的一门综合性应用学科，它的兴起与发展也是与当代社会化大生产和科学技术的发展分不开的。商品养护学是以储存过程中商品质量变化的规律及其防护方法为研究对象的。

二、商品养护的目的

商品养护学技术性强，涉及物理学、化学、微生物学、昆虫学、气象学、商品学等基础学科，它应用自然科学的基本理论和技术，研究商品的自然属性（如商品的化学成分、结构、物理性质、化学性质和力学性能）以及外界环境中导致商品质量变化的诸因素（如大气的温度和湿度、日光、大气中的有害成分和生物等）和各种外因影响商品质量发生变化的规律；研究如何掌握和运用这些规律，积极采取有效措施和科学养护方法，创造适宜商品储存的条件，保证商品质量，减少损耗，维护商品的在库安全。因此商品养护的目的就在于维护商品的质量，保护商品的使用价值。

三、商品养护的基本要求

商品养护工作的方针是“以防为主，防治结合”。要做好商品养护，必须做好以下九项日常性的基础工作：

1. 深入了解商品的保管性能

了解商品的保管性能，要从商品原材料的自然属性出发，涉及生产工艺、包装材料和包装方法，以便确定商品入库后的保管方法和应采用的养护措施。

2. 严格验收入库商品

要防止商品在储存期间不发生各种不应有的变化，在商品入库时要进行严格验收，入库的商品除检点数量、核对规格外，还应从保管养护出发，检查商品的外观质量和包装的破损、污染、虫蛀、潮湿以及完整、牢固的状况。对于吸湿性大的商品，还要检测其含水量是否超过了安全水分。

3. 合理选择储存条件

安排入库商品时，要尽量适应商品的性能和对温度、湿度的要求，为商品安全保管打下良好基础。因为商品的性能不同，所以对储存条件的要求也不同，因此，对各种商品的存放地点应合理安排。例如，怕潮易霉和易溶化、生锈的商品，应选择干燥的密封条件较好的库房；怕热易熔化、发黏、挥发、变质或易发生燃烧、爆炸的商品，应存放在温度较低的阴凉处所或专库；既怕热、又怕冻，且需要较大湿度的商品，应存放在冬暖夏凉的楼下库房或地窖里；需要保鲜的商品，应存放在低温库保管；性能互相抵触或易串味的商品，要注意不能混存；化学危险物品，要严格按照有关部门的规定，分区分类安排储存地点，以免互相影响，发生事故。

4. 妥善进行堆码、苫垫

（1）堆码。货垛的垛形与高度，应根据各种商品的性能，包装材料牢固、干湿程度，库房地坪的载重量，结合季节气候等情况，贯彻安全、节约、方便的原则，注意货垛与库墙、库柱、库顶之间要留有一定距离，妥善堆码。

（2）苫垫。地面潮气对商品质量的影响很大，特别是在梅雨季节，地潮上升，如货垛下垫不当，潮气侵入商品，就易引起商品霉变、溶化等。因此，仓库必须做好商品货垛的下垫隔潮或通风工作，如利用石块、枕木、垫板、稻壳或采用其他防潮措施等；货垛垫高的高度要根据防汛要求和地潮情况；堆放在货场的商品，货区四周应有排水沟，以防积水流入垛下；还应将货垛周密苫盖，以防日晒雨淋。

5. 认真做好仓库温度和湿度管理

仓库的温度和湿度，对商品质量变化的影响极大。各种商品根据其本身的特性，对温度、湿度一般都有一定的适应范围，超过这个范围，商品质量就会发生不同程度的变化，造成毁损。因此，应根据库存商品的性能要求，采取密封、通风、吸湿和其他控制与调节空气温度、湿度的办法，力求把库内温度、湿度保持在适应商品储存的范围内，以确保商品的安全储存。

6. **切实搞好仓库的清洁卫生**

商品储存环境的好坏，也直接影响到商品在储存期间的质量。储存环境不清洁，不仅会使灰尘、垃圾、油污等商品，影响商品的外观，而且往往会引起微生物、害虫等孳生繁殖，危害商品。因此，库房内要做到墙壁、窗台、墙沟、垛底无垃圾、无污土，屋角、垛顶无蛛网、无积尘；走道、支道要每天打扫；货垛出清后要清扫货位。同时，要铲除仓库周围的杂草、垃圾等物，保持库区清洁。必要时，可喷洒药剂，以杀灭微生物和潜伏的害虫，确保商品的安全。

露天场地要做到货位四周不积水、无垃圾、无杂草，保持环境整洁。

7. **严格进行商品在库检查**

做好商品在库检查，对维护商品的安全储存，具有很重要的意义。库存商品在不适宜的外界因素影响下，质量会发生变化，如不能及时发现并采取措施加以救治，就会造成或扩大损失。因此，对库存商品的质量情况，应进行定期或不定期的检查。检查的时间和方法，应根据各种商品的性能及其变化规律，结合季节气候、储存环境和储存时间长短等因素分别掌握进行，以便发现存在的问题，能及时采取相应措施，进行防治或处理。

8. **务必做好出库复查**

仓库对所有库存商品，特别是对一些储存期较长、数量较大的商品，在库时不可能翻堆倒垛、件件检查。出库时就有条件查看垛内垛底的包装和商品有无异状，以利于及时采取措施。已报重大异状的商品，未经委托单位复查鉴定而开单来提货时，必须与委托单位有关专业部门联系后，认为可以发货时再出仓。凡发现包装有破损的商品，应修补加固后方能出仓，这是对运输部门、购销部门和消费者负责。

9. **大力推广科学实验**

无论是对商品变质规律的研究，还是对养护方法的研究，都要建立在科学实验的基础上，用以指导具体的保管工作和养护实践。库房实验，虽然比较接近保管实际，但影响实验效果的诸因素比较复杂，难以控制，更不易做出科学性的分析论断。万一实验失败，还会造成一定的商品损失。因此，比较慎重的做法是在实验室取得科学结论的基础上，再放到库房内实地推广，可收到事半功倍之效。

总之，商品养护是一项科学技术性较强的工作。仓储管理人员应克服“仓库不过是收收发发，看堆点货，没有什么大学问”和“商品在仓库里遭虫蛀鼠咬、霉烂变质是无法抗拒的”等无所作为的不正确思想，认真学习商品养护知识和理论，掌握各种商品的成分、结构、性能和质量变化规律，了解影响商品发生质量变化的各种外界因素，熟悉各种商品的科学养护技术和方法，把商品养护工作提高到新的水平，为实现商品养护科学化而努力。

第 2 节　商品质量变化的基本类型

学习目标

➤了解商品质量变化的类型

➤掌握与商品质量变化相关的概念

知识要求

研究商品的质量变化，掌握其变化规律，以便采取相应的防护措施，控制或延缓商品的质量变化，做到防患于未然，确保储存商品的质量完好。

仓储商品质量变化的形式很多，概括地说有物理机械变化、化学变化、生理生化变化及某些生物引起的变化等。

一、仓储商品的物理机械变化

商品的物理机械变化是商品质量发生变化的两种表现形式，即商品的物理变化和商品的机械变化。

1. 物理变化

物理变化是指只改变物质本身的外表形态，而不改变其本质，并不生成新的物质。商品的物理变化虽说可以反复进行，但很多商品发生物理变化后，不是数量减少，就是质量降低，有的甚至完全失去使用价值。其变化形式有商品的挥发、溶化、熔化、串味、沉淀等。

(1) 挥发。挥发是指液体商品或经液化的气体商品，在空气中液体表面能汽化变成气体散发到空气中去的现象。挥发属于物体三态变化中的液态变气态的变化。

常见的易挥发商品有酒精、汽油、乙醚、丙酮、香精、涂料、杀虫剂、香水、花露水、医药中的一些试剂等。

液体商品之所以发生挥发现象，是由于该商品表面的分子比较活跃，液体表面的蒸汽压力大于空气中的压力，所以液体表面上的分子就不断地散发到空气中去。液体商品的挥发速度与空气温度、商品本身沸点、空气流通速度、接触空气面积等有密切关系。气温高、商品沸点低、空气流通快、接触空气面积大，挥发速度就快；反之，挥发速度就慢。

液体商品的挥发，不仅会使商品数量减少，有的还会严重影响商品的质量。特别是有的挥发气体（如乙醚、丙酮等），不仅影响人体健康，甚至还会引起燃烧、爆炸。

因此，应把沸点低、易挥发的商品存放在温度较低的库房或密闭的包装容器内，保持在较低温度下储存，以防挥发。

（2）溶化。有些固体商品在潮湿空气中能吸收水分，当吸收水分达到一定程度时，就会溶化或潮解为液体。

常见的易溶化商品有食糖、糖果、食盐、合成洗衣粉、明矾、氯化镁、氯化钙、碳酸钾、大苏打、硝酸铵、硫酸铵、尿素、四氯化钛及医药制剂甘草流浸膏等。

商品之所以发生溶化现象，是由于这类商品具有吸湿性和水溶性两种性能。商品的吸湿性，是指商品吸着或放出水分的性能。商品的水溶性，是指商品吸收水分后，逐渐溶解在所吸收的水中成为液体的性能。有吸湿性的商品，在一定条件下，会不断地从空气中吸收水分，随着水分的增加，商品逐渐潮解，以至于完全溶化成液体，因此说商品的溶化，是商品吸湿到一定程度的结果。具有水溶性的商品与水分子接触时，水分子能扩散到商品体中，破坏商品分子间原有的紧密联系，均匀地分散到水溶液里，于是商品便溶化了。有些商品有较强的吸湿性，但不具有水溶性，如棉花、硅胶等吸收水分再多，也不会溶化。有些商品，如硫酸钾、过氯酸钾等，虽具有水溶性，但吸湿性很低，也不易溶化。由此可见，易溶性商品必须具有吸湿性和水溶性两种性能，才会溶化，缺一不可。

影响商品溶化的因素，主要有商品成分、结构和性质等内在因素与空气相对湿度、气温等外界因素方面。空气相对湿度大小，对商品溶化影响很大。空气相对湿度越大，易溶化商品就越容易吸湿而溶化。而气温升高也能加速易溶化商品的溶化。在空气相对湿度较大的情况下，温度越高，商品吸湿能力就越强，吸湿速度越快，商品就越易溶化。此外，商品接触空气的面积越大，吸收的速度就越快。如粉状商品的接触面积要比结晶颗粒状商品的接触面积大，吸湿的速度就要快一些。

因此，易溶化商品堆码不宜过高，也不要与水分较大的商品同放一起，应按商品性质，分区分类存放在干燥凉爽的库房，或采用密封的方法进行存放保管，并采取吸湿和通风相结合的温度、湿度管理方法来防止商品吸湿溶化。

（3）熔化。熔化是指某些商品在吸热后发生变软，甚至变成液体的现象。

常见的易熔化商品有百货中的香脂、蛤蜊油、发蜡、蜡烛；文化用品中的复写纸、蜡纸、圆珠笔芯；化工商品中的松香、石蜡、粗萘、硝酸锌；医药商品中的油膏、胶囊、糖衣片等。

商品的熔化，除受气温高低的影响外，与商品本身的熔点、商品中杂质种类和含量高低密切相关。熔点越低，越易熔化；杂质含量越高，越易熔化。

商品熔化，有的会造成商品流失、粘连包装、沾污其他商品；有的因产生熔解热而体积膨胀，使包装爆破；有的因商品软化而使货垛倒塌。

因此，应根据商品的熔点高低，选择阴凉通风的库房储存。在保管过程中，一般可采用密封和隔热措施，加强仓库的温度管理，防止日光照射，尽量减少温度的影响。

（4）串味。串味是指一些吸附性强的商品当与其他有强烈气味的商品同储时，吸收了其他商品的气味和异味，影响其固有性质。

常见的易被串味商品有大米、黄豆、面粉、木耳、香菇、食糖、饼干、茶叶、卷烟等；常见的引起其他商品串味的商品有煤油、汽油、桐油、腌鱼、腌肉、樟脑、卫生丸、肥皂、化妆品以及农药等。

具有吸附性、易串味的商品，主要是由它的成分中含有胶体物质，以及疏松、多孔性的组织结构所决定的。例如粮食、茶叶、卷烟、食糖、饼干就会吸附煤油、汽油、卫生丸、樟脑、香皂和农药的气体或味道而影响食用价值。商品串味，还与其表面状况，与异味物质接触面积的大小、接触时间的长短，以及环境中异味的浓度有关。

因此，对于易被串味的商品要尽量采取密封包装，在储存和运输中不得与有强烈气味的商品同车船并运或同库储藏，同时还要注意运输工具和仓储环境的清洁卫生。

（5）沉淀。沉淀指含有胶质和易挥发成分的商品，在低温或高温等因素影响下，引起部分物质的凝固，进而发生沉积或膏体分离的现象。

常见的易沉淀商品有墨汁、墨水、牙膏、雪花膏等。又如饮料、酒在仓储中，离析出纤细絮状的物质，而发生混浊沉淀的现象。

因此，对于易发生沉淀的商品，必须严密包装和做好商品冬季保温工作与夏季降温工作。

2. 机械变化

仓储商品的机械变化是指商品在外力作用下发生形态上的变化。其变化形式主要有破碎、变形、污染、渗漏等。

（1）破碎和变形。破碎与变形是常见的机械变化。商品的破碎主要是脆性较大的商品，如玻璃、陶瓷、搪瓷制品等，因包装不良在搬运过程中，受到碰、撞、挤、压和抛掷而破碎、掉瓷等。商品的变形通常是塑性较大的商品，如铝制品、皮革、软塑料和橡胶制品受压会变形。

因此，对于容易发生破碎与变形的商品，要注意妥善包装，轻拿轻放；在库堆垛高度不能超过一定的压力限度。

（2）污染。污染是指商品外表沾有其他脏物、染有其他污秽物的现象。商品污染主要是因生产、储运中卫生条件差及包装不严所致。

因此，对于一些外观质量要求较高的商品，如绸缎呢绒、针织品、服装、精密仪器仪表类等要注意防污染。

(3) 渗漏。渗漏是指液体商品，特别是易挥发的液体商品，由于包装容器不严密，包装质量不符合商品性能的要求，或在搬运装卸时碰撞损坏了包装，而使商品发生跑、冒、滴、漏的现象。

商品渗漏与包装材料性能、包装容器结构及包装技术优劣有关，还与仓库温度、湿度变化有关。如有的金属包装焊接不匀、接口不严；有的金属包装受潮锈蚀；有的包装耐腐蚀性差；有的液体商品因气温升高，体积膨胀而使包装内部压力增大，胀破包装容器；有的液体商品在降温或严寒季节结冰等，也会发生体积膨胀引起包装破裂而造成商品损失。

因此，对液体商品应加强入库验收、在库检查及温度、湿度控制和管理。

二、仓储商品的化学变化

化学变化不仅改变商品的外表形态，也改变商品的本质，并生成新的物质，这就使商品产生质变。化学变化和物理变化不同，发生化学变化的商品不能恢复变化前的原状。商品发生化学变化，即商品质变的过程，严重时使商品完全丧失使用价值。其变化形式有锈蚀、分解、氧化、聚合、老化、风化、陈化等。

1. 锈蚀

锈蚀是指金属制品在储存过程中受到潮湿空气的影响，发生电化学腐蚀。影响金属发生电化学腐蚀的主要原因是空气湿度，它在金属表面凝成肉眼看不见的水膜，起导电溶液的作用，在水膜下进行电化学腐蚀。锈蚀不仅使商品重量减少，而且还会影响商品的质量和使用价值。

因此，在储存保管金属制品的过程中，要保持干燥和密封。

2. 分解、水解

分解是指某些化学性质不稳定的商品在光、热、酸、碱和潮湿空气的作用下所发生的化学变化，由原来的一种物质生成两种或两种以上的新物质。商品发生分解后，不仅数量减少，而且质量降低，有的在分解时还会产生一定的热量和可燃气体。例如，过氧化氢（双氧水）为无色液体，是一种不稳定的强氧化剂和杀菌剂，在常温下慢慢分解，如遇高温会迅速分解，生成氧气和水。其反应式如下：

$$2H_2O_2 \longrightarrow 2H_2O + O_2\uparrow + \text{热量}$$

水解是指某些商品在一定条件下，遇水而发生分解的现象。水解的实质是分子与水作用而发生的复分解。例如，硅酸盐、肥皂、油脂等，其水解产物是酸和碱，与原成分具有不同的性质。高分子有机物中的纤维素、蛋白质发生水解，导致链节断裂，强度降低。又如，电石受潮时，会分解生成乙炔和氢氧化钙，乙炔是一种易于氧化而燃烧的物质。其反应式如下：

$$CaC_2+2H_2O \longrightarrow Ca(OH)_2+C_2H_2\uparrow$$

各种不同的商品，在酸或碱的催化下，发生的水解情况不一样。例如，肥皂在酸性溶液中全部水解，但在碱性溶液中却很稳定；蛋白质在碱性溶液中易于水解，而在酸性溶液中却比较稳定，这就是羊毛等蛋白纤维怕碱不怕酸的道理；棉纤维在酸性溶液中，特别是在强酸的催化作用下，易于水解，使纤维的大分子链节断裂，相对分子质量降低，分解成单个纤维分子，从而使纤维强度大大降低，但棉纤维在碱性溶液中却是比较稳定的。

因此，在商品保管中，应注意哪些商品可以或不可以同库存放，以尽量避免商品发生这种变化。

3. 氧化

氧化是指商品与空气中的氧或其他能放出氧的物质接触，发生与氧结合的化学变化。商品发生氧化，不仅会降低商品的质量，而且会在氧化过程中产生热量，导致发生自燃、爆炸。

易于氧化的商品很多，化工原料中的硫代硫酸钠、亚硝酸钠、亚硫酸钠、保险粉、氯化亚锡等，都属于易氧化的商品。例如，亚硝酸钠露天置于空气中会被氧化生成硝酸钠，其反应式如下：

$$2NaNO_2+O_2\rightarrow 2NaNO_3$$

棉麻及丝等织品，如长期与日光接触，会发生变色现象，这就是织品的纤维被氧化的结果。

有些商品在氧化过程中产生的热量如不易散失，又会加速氧化过程，使温度越升越高，当达到自燃点时，就会发生自燃现象。例如，桐油布、油纸、油布伞等桐油制品，如尚未干透即进行打包储存，就易发生自燃。这是因为桐油含有不饱和脂肪酸，氧化时放出热量，如热量不易散失，温度就会升高，达到纤维燃点时，便会引起自燃事故。这种自燃现象，除桐油制品外，其他植物性油脂类或含油脂较多的商品，如山苍子油、核桃仁、花生仁等，当与纤维性物质接触时，在适宜的条件下，也会出现类似的自燃现象。

因此，在储存保管中，对易于氧化的商品除保持干燥外，还应注意通风散热。

4. 聚合

聚合是指某些商品在一定环境条件影响下发生聚合反应，成为聚合体而改变商品性质的现象。例如桐油聚合，这是由于桐油中含有亚麻油酸、桐油酸、十八碳三烯酸等高度的不饱和脂肪酸，在日光和一定温度的作用下，聚合成为β型桐油块，浮于表面而失去其使用价值。又如福尔马林，是甲醛气体的水溶液（含甲醛 40%），在低温下容易聚合而成三聚甲醛或多聚甲醛，产生混浊沉淀，改变了原来的性质。

因此，在保管这些商品时，要特别注意温度和日光的影响，以防发生聚合反应而降低商品质量。

5. 老化

老化是指高分子材料（如橡胶、塑料、合成纤维等）在储存过程中，受到光、热、氧等的作用，出现发黏、龟裂、变脆、强力下降、失去原有优良性能的变质现象。老化是高分子材料存在的一个严重缺陷。老化的原因，主要是高分子物在外界条件作用下，分子链发生降解和交联等变化。

因此，保管这些商品时，要注意防止日光照射和高温的影响，更不能暴晒，堆码时不能过高，以免底层的塑料、橡胶制品受压变形，受热发黏。如发生粘连，可在制品表面撒一层滑石粉并注意防止与各种油脂、有机溶剂等接触，以防发生粘连现象。对乳胶制品，不仅要防热，还要防潮，以免发霉，影响商品质量；对塑料制品则应避免与各种有色织品接触，以防串色，特别是印花塑料要防止串花；合成纤维织品则应注意防止日光照射或暴晒，并防止高温影响。

6. 风化

风化是指含有结晶水的商品，在一定温度和干燥空气中，失去结晶水而使晶体崩解，变成非结晶状态的无水物质的现象。

常见的易风化商品有硫酸钠（$Na_2SO_4 \cdot 10H_2O$）、硫酸锌（$ZnSO_4 \cdot 7H_2O$）、硫酸铜（$CuSO_4 \cdot 5H_2O$）、硫酸钙（$CaSO_4 \cdot 2H_2O$），它们都含有不同数量的结晶水。这些含结晶水的商品，在不同温度或干燥空气中，有可能失去结晶水而风化，这部分水一旦失去，整个商品就要发生解体，改变原来的形态和性质。还有玻璃的风化，玻璃长期在温度和湿度的影响下会发生风化，降低光泽和透明度。

因此，保管这些易风化的商品应采取密封包装，在炎热干燥季节要加强储藏环境的温度和湿度控制。如果环境过于干燥，应适当加湿，以维持正常的空气湿度。

7. 陈化

陈化是指茶叶在长期储藏中，即使不霉变，质量也会降低，如色泽灰暗、香气降低、滋味欠浓厚或感到平淡、叶底显暗等现象。茶叶陈化的原因，主要是茶单宁的破坏和浸出物总量的减少。而茶单宁的破坏速度和浸出物总量的减少，在很大程度上取决于茶叶中的水分含量，即水分含量越高的茶叶，其茶单宁与浸出物的破坏量也越多，陈化的速度也越快。

因此，在储存保管茶叶时，要保持干燥和密封。

三、仓储商品的生理生化变化及其他生物引起的变化

1. 商品的生理生化变化

商品的生理生化变化是指有生命的有机体商品，为了维护它们的生命，本身所进行的一系列变化，如粮食、果蔬、鲜鱼、鲜肉、鲜蛋等有机体商品在储存过程中，受到各种外界条件的影响，往往会发生各种各样的生理生化变化。其变化形式主要有呼吸作用、发芽、胚胎发育和后熟作用等。

(1) 呼吸作用。呼吸作用是指有机体的商品在生命活动过程中，不断地进行呼吸，分解体内有机物，产生热能，维持其本身的生命活动的现象。

呼吸作用是一切有机体内最普遍的生理现象。呼吸停止，就意味着有机体商品生命力的丧失。呼吸作用是有机体在氧与酶的参与下，进行一系列的氧化过程。被呼吸作用分解的物质，称为呼吸基质，基质中最主要的是糖类中的葡萄糖。呼吸作用可分为有氧呼吸和缺氧呼吸两种类型。有氧呼吸和缺氧呼吸都是消耗有机体商品内的营养物质——葡萄糖，从而降低商品的质量，而且还放出热量。有机体的呼吸作用与水分、温度、通风条件等有关。

特别是粮食的呼吸作用产生的热量不易散失，如果积累过多，会使粮食变质。同时由于呼吸作用，有机体分解出来的水分，又有利于有害微生物的生长繁殖，加速霉变。

因此，在保管过程中，要正确掌握有机体商品的安全水分，控制仓库的温度、湿度，从而降低有机体的呼吸作用。

(2) 发芽。发芽是指有机体商品在适宜的条件下，在酶的作用下，冲破“休眠”状态，产生发芽萌发的现象。

有机体商品，如粮食、果蔬等，在保管过程中，若水分、氧气、温度等条件适宜，就可能发芽，在这个过程中，通常伴随发热生霉，不仅增加损耗，而且降低质量。有机体商品发芽，其结果会使粮食、果蔬的营养物质，在酶的作用下转化为可溶性物质，供给有机体本身的需要，从而降低有机体商品的质量。如小麦发芽会降低其膨胀性能，各种粮食品种还会降低加工成品率和食用价值，马铃薯发芽会产生有毒物质，大白菜、洋葱等鲜茎类蔬菜则会导致抽薹等。

因此，为了延长这些商品的保管期，必须控制它们的水分，加强温度、湿度管理，最好是低温保管，使有机体商品被迫处于“休眠”状态。

(3) 胚胎发育。胚胎发育主要是指鲜蛋的胚胎发育。

在鲜蛋的保管过程中，如果温度适宜，胚胎往往会发育成为血坏蛋，经过胚胎发育的禽蛋新鲜度和食用价值大大降低。

因此，为抑制鲜蛋的胚胎发育，应加强温度、湿度管理，最好是低温保管或截止供氧条件，亦可采用饱和石灰水浸藏。

（4）后熟作用。后熟是指瓜果、蔬菜等类食品在脱离母株后继续其成熟过程的现象。瓜果、蔬菜等的后熟作用，能改进色、香、味以及适口的硬脆度等食用性能，但当后熟作用完成后，则容易发生腐败变质现象，难以继续储藏。

因此，对于这类鲜活食品，应在其成熟之前采收并采取控制储藏条件的办法，来调节其后熟过程，以达到延长储藏期、均衡上市、先进先出的目的。

2. 其他生物引起的变化

有机体商品除进行生理生化变化外，还可能感染微生物，发生霉变、发酵、腐败等生物化学性变化，并可能招致虫蛀、鼠咬而造成商品破损。这些变化主要有霉腐、虫蛀和鼠咬等。

（1）霉腐。霉腐是商品在霉腐微生物作用下所发生的霉变和腐败现象。霉变是有机性商品容易发生的变化，发酵主要是感染了酵母菌、乳酸菌、醋酸菌等，而使商品发生分解；蛋白质腐败，主要是由于细菌感染食品而发生蛋白质分解的现象。

在气温高、湿度大的梅雨季节，如果仓库的温度、湿度控制不好，储存的棉布、针棉织品、皮革制品、鞋帽、纸张、卷烟以及中药材等许多商品就会生霉，肉、鱼、蛋类就会腐败发臭，水果、蔬菜就会腐烂，果酒变酸，酱油生白醭。无论哪种商品，只要发生霉腐，就会受到不同程度的破坏，严重的霉腐可使商品完全失去使用价值。有些食品还会因腐败变质而产生能引起人畜中毒的有毒物质。

常见的危害商品微生物主要是一些腐败性细菌、酵母菌和霉菌，特别是霉菌，它是引起绝大部分日用工业品、纺织品和食品霉变的主要根源，对纤维素、淀粉、蛋白质、脂肪等物质具有较强的分解能力。

因此，对易霉腐的商品，在储存时必须严格控制温度、湿度，并做好商品防霉和除霉工作。

（2）虫蛀、鼠咬。商品在储存期间，常常会遭到仓库害虫的蛀蚀。凡是含有有机成分的商品，都容易遭受害虫蛀蚀。除食用商品能提供它们生命活动所需的营养物质以外，很多用动、植物材料制成的工业品商品，如毛皮制品、皮革制品、丝毛织品、纸及其制品、纤维制品等都含有蛋白质、脂肪、淀粉、纤维素等仓库害虫所喜食的成分。经常危害商品的仓虫有40多种。仓库害虫在危害商品的过程中，不仅破坏商品的组织结构，使商品发生破碎和洞孔，而且排泄各种代谢废物污染商品，影响商品质量和外观，降低商品使用价值。

商品在储运过程中，还经常遭受仓库老鼠的咬损，使商品本身及其包装受到损害，甚至完全丧失使用价值。纤维制品常成为老鼠觅取做窝的材料；竹木制品、皮箱甚至聚氯乙烯制品等有棱角且硬度低于鼠齿的商品，也成为老鼠为保持其门齿的适当长度所咬啮的对象。

因此，对虫蛀、鼠咬的防治应熟悉虫、鼠的生活习性和危害规律；搞好运输工具和仓库的清洁卫生工作；加强日常管理，严格控制温度、湿度，抑制虫、鼠生存繁殖，切断虫、鼠的来源；并采用化学药剂或其他方法杀虫、灭鼠，坚持经常治理与突击围剿相结合。

第 3 节　影响商品质量变化的因素

学习目标

➢了解商品质量变化的影响因素

➢掌握与商品质量变化的影响因素相关的概念

知识要求

商品的种类繁多，它们都是由一些结构复杂的物质所构成，这些物质随时间和条件的不同，时刻都在运动，发生质与量的变化。研究商品质量变化的目的，在于通过商品质量变化的现象，找出商品质量变化的原因，从而掌握变化规律，做好商品养护工作，确保商品安全。商品在储存期间的质量变化，起决定作用的是商品的内因，但外界因素对商品质量变化也有很大的影响。要贯彻商品养护“以防为主，防治结合”的工作方针，防止商品质量和数量的变化，只有弄清商品质量变化的有关因素，才能真正做到“以防为主”，否则将是防不胜防。

一、商品质量变化的内在因素

商品在储存期间的质量变化，起决定作用的是商品的内因，如原料的化学成分、组成结构以及生产加工过程中所形成的性能等。而光、温、湿、氧等则是商品质量变化的外因。唯物辩证法认为“外因是变化的条件，内因是变化的根据，外因通过内因而起作用”。因此，商品的化学成分、结构和性质，就成为研究商品在储存期间质量变化规律的基础。

1. **商品的化学成分**

商品的种类繁多，按化学成分可把商品分为有机成分商品和无机成分商品。一般来说，无机成分的商品较好保管，有机成分的商品则容易发生质量变化而不易保管。所以，必须根据各种商品的不同化学成分，采取相应的养护方法。

（1）无机成分的商品。无机成分的商品是指不含碳的化合物，但包括碳的氧化物、碳酸盐以及氰化物的商品。属于这类的有化肥、部分农药、玻璃、搪瓷、五金及部分化工商品等。这类商品成分中的元素种类不同，结合形式不一样，有的是单质，有的是化合物或混合物等。

（2）有机成分的商品。有机成分的商品是指以含碳的化合物为成分的商品，但不包括碳的氧化物、碳酸和碳酸盐以及氰化物等。属于这类成分的商品，数量相当庞大，如棉麻、丝毛、化纤、塑料、橡胶制品、石油产品、有机农药、有机化肥、竹木制品、皮革、纸张及其制品、蔬菜、水果、副食品等。这类商品成分的结合形式，有的是化合物，有的是混合物。

在有机成分的商品中，有一种含相对分子质量相当大的高分子化合物，即有机高分子化合物。这类高分子化合物种类繁多，结构复杂。如棉麻中的纤维素、丝毛中的角蛋白、皮革制品中的胶原、天然橡胶中的橡胶烃等，都是天然有机高分子化合物。合成纤维、合成橡胶、塑料等，则属合成高分子有机化合物。因此，在保管含有高分子化合物成分的商品过程中，应注意防止日光、温度、湿度等因素对它们的影响。

但在多数商品中，真正属于单一成分的商品是比较少的，一般多是由几种成分或几种材料组成。有的是由无机成分或有机成分分别混合组成的，有的是由无机成分与有机成分混合组成的。由这类成分组成的商品很多，例如火柴、涂料、黑火药等都是混合物。火柴是由硫黄、赤磷、氯酸钾和木材等混合组成的，涂料是由黏结剂（油或树脂）、溶剂、颜料或辅料等混合组成的，黑火药是由硫黄、氯酸钾和木炭粉等混合组成的。因此，在保管过程中，对这类商品要进行具体分析，要根据其混合物的成分、性质等，采取适当的保管方法。

2. **商品的结构**

商品的种类繁多，各种商品有各种不同的形态结构，形状不一。如气态商品，分子运动迅速，分子间距离大，多用钢桶盛装，其形态随容器而变；液态商品，分子运动较气态慢，分子间距离也较气态小，其形态也随容器而异；只有固态商品，具有一定的外形。各种不同的商品虽有不同的形态结构，但概括起来，可以分为外观形态和内部结构两大类。

（1）商品的外观形态。商品的外观形态是可以通过人的肉眼分辨出来的，因此又叫商品的宏观结构。这种宏观结构，一种是生产过程中形成的商品外形，多为工业品，属于人为的；另一种是自然生长形成的外观形态，多为农副产品，属于天然的。

对外观形态多种多样的商品，在保管过程中，应根据其形态结构，合理安排仓容，科学地进行堆码，以保证商品质量的完好。

（2）商品的内部结构。商品的内部结构也就是商品原材料的成分结构，属于商品体的分子——原子结构，因其必须借助于各种仪器来进行分析观察，因此又叫商品的微观结构。商品的微观结构，对商品性质影响极大。有些商品分子的组成和相对分子量虽然完全相同，但由于结构不同，性质就有很大差别。

例如蔗糖、麦芽糖和乳糖，它们的分子式都是$C_{12}H_{22}O_{11}$，相对分子质量都是342，但由于它们的结构不同，性质就不一样。如蔗糖是葡萄糖和果糖的结合体，麦芽糖为两分子葡萄糖的结合体，乳糖是半乳糖和葡萄糖的结合体。含有大量果糖的制品易于吸湿，因此在保管中，蔗糖由于吸收空气中的水分，经常致使硬糖变软。这类商品系同分异构体，即这类商品的化合物的组成相同，而原子在组成分子时结构不同，从而带来性质上不一样，保管要求不一样。

3. 商品的性质

商品的种类繁多，成分极其复杂，性质也就各不一样。因此商品的性质是由商品的成分和结构所决定的。商品本身的理化性质是商品重要的自然属性，是商品在库期间发生质量或数量变化的内在因素，是发生质量或数量变化的决定条件。这些因素往往就是商品的使用价值所在，如橡胶的弹性、汽油的燃烧性等。这些都是我们不能改变或回避的，我们必须了解这种性质，从而有目的地控制促成这种变化发生的“外因”，为它们创造一个良好的储存环境，使它们原有的使用价值得以保全。商品的性质虽然不同，但归纳起来可分为物理性质、力学性能和化学性质三类。

（1）商品的物理性质。商品的物理性质是指商品的形态、结构以及商品在光线、温度、水分等作用下，不发生改变商品本质的相关性质。如商品的吸湿性、导热性、耐热性等。

1）商品的吸湿性。商品的吸湿性是指商品吸收和放出水分的性质，是引起商品质量变化的主要因素之一。决定商品吸湿的因素有两个，首先是商品的成分和结构，这是主要的。在商品成分中含有亲水基团，如羟基（—OH）、羧基（—COOH）、氨基（$—NH_2$）等，基团带有极性，一遇到水，就易与水结合。在商品的结构方面，具有疏松多孔或粉末结构的商品，由于毛细管和表面吸附作用，很容易吸收水分。如棉麻、丝毛等织品，含有大量羟基、羧基和氨基，且疏松多孔，所以它们的吸湿能力强；砂糖分子中含有大量羟基，加之粒状结构，表面积大，所以吸湿能力也强；而玻璃、陶瓷等，不含亲水基团，结构严密，因而它们的吸湿能力弱。其次是水汽分子的特性和温度、湿度的关系。水分子属极性分子，易与其他带电的极性分子结合。同时水在气态时容易凝结成液体，在液态时，它的沸点又高，这样就易被吸湿性强的商品所吸收。

商品吸湿性的大小、吸湿速度的快慢和含水量的增减，都直接关系到商品的溶化、霉变、生虫、锈蚀或干裂等变质现象的发生，因此，在商品养护中必须特别注意。

2）商品的导热性。商品的导热性是指物体传递热能的性质，例如烹调用具应具有良好的导热性；防寒衣着用品及保温瓶等，都应具有极小的导热性（有良好的保温性）。

影响商品导热性的主要因素，是它的成分和组织结构。商品成分不同，其导热性的差别很大。例如，金属材料都是热的良导体，而铜、铝有比钢铁更高的导热性，动植物纤维、玻璃、橡胶等，都是热的不良导体。所以，大五金商品露天存放，不怕高温，而橡胶制品，则不宜存放于楼顶库房和露天，因受热不易散发，会促使其加速老化。商品结构不同，其导热性也不一样。如纺织品、皮革制品等，都属多孔性结构的商品，由于大量孔隙中藏着导热性很小的空气层，又不发生急剧的对流现象，因而保温性好。此外，商品表面的色泽，也与其导热性的高低有关。浅色和强光泽的表面，具有较强的反射作用，可减少热辐射的侵入，深色和粗糙的表面，都有易于吸热的性能。冬天穿黑色服装，夏天穿白色服装，面向西晒的墙壁刷白等，即为此理。

3）商品的耐热性。商品的耐热性是指商品耐温度变化而不至于破坏或显著降低强力的性质。

影响商品耐热性的因素，除成分、结构和不均匀性外，与导热性、膨胀系数等也有关系。膨胀是指物体受热时要伸长，受冷时要收缩。这种由于温度的变化，引起物体在某一方向上长度的变化，叫做线膨胀；引起物体体积变化，叫做体膨胀。

线膨胀系数，是指物体温度升高1℃，所引起的长度增长的平均值与0℃时原长度的比值。体膨胀系数，是指物体温度升高1℃，所引起的体积增大的平均值与0℃时原体积的比值。据试验，玻璃制品的膨胀系数大于铜、铁的膨胀系数。因此，玻璃制品等类商品的导热性较低，耐温差性能低，在温度变化时，由于传热慢，以致各部位受热不匀，发生膨胀不一致而破裂。在严冬季节，墨水受冻结冰，体积反而膨胀，而包装用的玻璃瓶受冷则体积收缩，一胀一缩，故易破裂。因此，导热大而膨胀系数小的商品，耐热性良好；反之，则耐热性差。

橡胶及一些塑料制品，由于受温度变化影响，将发生分子结构变化，而导致性能改变。高温时，发黏和强度降低；低温时，则发硬变脆。

4）商品的透气性与透水性。商品能被水蒸气透过的性质，称为透气性。商品能被水透过的性质叫透水性。这两种性质在本质上都是指水的透过，不同的是一个是指气体水分子的透过，另一个是指液体水的透过。

商品透气、透水性的大小，主要取决于商品的组织结构和化学成分。结构松弛、化学成分含有亲水基团，其透气性、透水性都强。

因商品的用途不同，对透水性、透气性也各有不同的要求。衣帽、鞋袜要具有透气性，才能使人体蒸发的水分和分泌的各种气味易于扩散。所以在纺织纤维的生产中，因合成纤维的透气性差，往往与一定量的天然纤维、人造纤维进行交织与混纺，或者进行其他特殊处理。有些商品由于用途特殊，如雨衣、防雨布、胶鞋等，既要有良好的透气性，又不能有透水性。

(2) 商品的力学性能。商品的力学性能是指商品的形态、结构在外力（荷重）作用下的反应。如商品的弹性、塑性、韧性、脆性等。商品的这种性质与其质量的关系极为密切，是体现商品的适用性、坚固耐久和外观的重要内容，也是保管过程中必须掌握的商品性能的一个方面。

1）弹性与塑性。弹性是指物体受到一定外力作用时发生变形，当移去外力后，物体仍能自动恢复原状的性质。具有弹性的商品很多，其中有代表性的是各种橡胶制品。保管这类商品，应防止高温、日光直射和酸碱的影响。这类商品虽然具有一定的弹性，能经受一般的碰、撞、压，但也不宜重压、久压，以免引起弹性疲劳而变形，不但有损外观，而且影响质量。

塑性是指物体受到一定外力作用时发生变形，当移去外力后，物体不能自动恢复原状的性质。具有塑性的商品很多，其中以塑料制品最为突出，特别是硬质塑料，如电木、电器制品等，虽能承受一定压力，但最怕碰、撞、摔。此外，还有陶瓷制品、搪瓷制品等。

2）商品的韧性与脆性。商品的韧性是指商品在一定条件下，能承受外力的作用，而不至于破裂的性质。例如皮革制品、针纺织品、纸张、软塑料制品、橡胶制品等，具有一定的韧性，一般不怕压、冲、碰、撞，但不能拉扯、触戳和久压。

商品的脆性，是指商品在一定外力作用下，容易破裂的性质。例如玻璃、陶瓷、电器、电木等制品，这类商品虽可久压不变形，但必须轻拿轻放，不能碰、撞、摔。

3）商品的强力。商品的强力是指商品抵抗外力（荷重）作用而保持形状完整的性质，是检验商品质量的指标之一。

不同商品具有不同的强度，同一成分的商品，因其结构不同，强度也有差异。玻璃、橡胶、塑料等，都各有一定范围的强度。这些商品如个别点上有不均匀组织，因其强度不够，则易破损。纺织品、皮革、纸张等，虽属多孔组织结构，但在结构上也会因交织点多少，而决定其强度高低。外力的性质不同，也将使商品反映出不同的强度。静荷重，一般商品的抵抗能力要大些；动荷重，因突然产生组织移位，故易使商品破裂。这是装卸、搬运、储存工作中必须注意的。

（3）商品的化学性质。商品的化学性质是指商品在外界条件（光、热、氧、酸、碱、温度和湿度等）作用下，引起商品内物质分子化学组成改变的性质。如商品的化学稳定性、毒性、腐蚀性、燃烧爆炸性等。

商品的化学变化性质与商品的物理变化性质不同。例如，食糖具有吸湿性，吸湿或散湿后，仍是食糖，即使吸湿溶化了，熬干后仍然是糖，没有本质的变化。而商品的化学性质就不同，例如闪光粉，本是一种混合物，具有燃烧发光的性质，一遇燃烧，则变成另一种物质，性质完全不同了。这种燃烧发光性，能改变闪光粉的本质，所以叫做化学性质。

1）商品的化学稳定性。商品的化学稳定性是指商品在外界因素作用下，在一定范围内，不易产生分解、氧化或其他变化的性质。

化学稳定性是相对的，而不是绝对的。要看具体商品的成分、结构如何，以及外界条件怎样，才能了解该商品的化学稳定性的大小。例如赤磷与白磷，同是磷，但稳定性大不一样。赤磷在常温下性质不活泼，在空气中加热至160℃才能燃烧，与强氧化剂（浓H_2SO_4、$KClO_3$等）接触，经摩擦能引起燃烧和爆炸。白磷在常温下性质很活泼，易氧化，能自燃，加热到40℃能燃烧，在暗处可以看到磷光。由于赤磷在常温下性质不活泼，稳定性好，可以单独储存保管；而白磷的性质相反，必须把它浸没在水中储存。

因此，在仓储工作中，应根据各种商品化学稳定性程度的大小，进行适当安排和管理。

2）商品的毒性。商品的毒性是指某些商品中含有破坏有机生理功能的性质。

具有毒性的商品是多种多样的，主要用做医药、农药以及化工原料等。毒性来自商品本身有毒或其蒸气有毒，例如，甲醛和苯的蒸气有毒性，甲醛最高允许浓度每升空气不超过0.005 mg，苯每升空气不超过0.1 mg。有的本身虽无毒，但经过分解化合后会产生有毒成分，例如，砷俗称砒，是一种非金属，通常多呈灰色（灰砷）。灰砷略带金属性，质脆而硬，银灰色而有光泽。纯粹的砷是无毒的，但它易被氧化，在空气中与氧化合以后，其表面很快失去光泽而成霜状，叫做三氧化二砷（As_2O_3），俗称砒霜，吸入有毒，误食0.1 g可以致死，成为剧毒品。有的本身虽无毒，但二者相遇会产生毒性，例如碘酒与红汞，本身都属外用药剂，但二者相遇会引起化学反应，产生有毒的碘化汞。

因此，这类商品在保管中要特别注意。

3）商品的腐蚀性。商品的腐蚀性是指某些商品能对其他物质发生破坏性的化学性质。

在仓储保管中，常见的有硫酸、硝酸、盐酸和烧碱等类的商品。它们具有腐蚀性，这是由于这些商品本身具有氧化性和吸水性所致。因为酸的挥发气体与空气中的水分结合，能形成金属制品的电解液，促使金属制品生锈变质；而浓硫酸能吸收动植物商品中的水分，使它们炭化而变黑；漂白粉的氧化性能破坏一些有机物；生石灰有强吸水性和放热性，能灼伤皮肤和刺激呼吸器官等。

因此，在仓储保管中，不能把具有腐蚀性的商品与棉麻、丝毛织物以及纸张、皮革制品等同库存放，也不能与金属制品同库储存，应根据商品的腐蚀性质，合理选择储存场所，并采取必要措施，严加管理。

4）商品的燃烧爆炸性。商品的燃烧属于氧化反应范围，只是反应剧烈，伴随着有热与光的同时发生。具有燃烧性的商品，叫做该商品的燃烧性。

燃烧必须具备三个条件，即可燃物、助燃物和火源，缺少其中任何一个条件，就不会导致燃烧。属于可燃物商品的品种很多，如闪光粉、赤磷、白磷、生松香、涂料、汽油、苯、萘、樟脑、火柴、金属钠等。

因此，在实际工作中，可燃物与氧化剂要分开储存，易于自燃或遇水燃烧的物质，都要有特殊的保管方法。

爆炸是指物质由一种状态迅速转变成另一种状态，并在瞬息间以机械功的形式放出大量能量的现象。具有爆炸性物质的商品，叫做该商品的爆炸性。

爆炸分物理性爆炸和化学性爆炸。物理性爆炸，是指在包装容器内部压力超过了该容器的承受强度而引起的爆炸，这种爆炸情况较少。发生爆炸事故最多的是某物质受到外因的作用，引起化学反应而发生的化学性爆炸。化学性爆炸，大致可分为三种形式。一是碰击性爆炸。此类商品都是极不稳定的物质，略受碰击，就使分子突然分解，变成若干元素或简单的化合物，由于急剧的反应，产生大量能量，体积突然增大而引起爆炸，所以一般叫做起爆药，如叠氮铅、乙炔银、苦味酸、三硝基甲苯等。二是混入空气中易燃物的爆炸。如苯、乙酸戊酯、醚、汽油、丙酮等，其挥发出来的气体，混在空气中而达到较高浓度时，碰到火花，由于突然的氧化作用或受热过高，而自行发生体积膨胀，以致爆炸燃烧。三是氧化剂混合易燃物（受热或摩擦）的爆炸。如氯酸钾、高锰酸钾、硫黄、赤磷与金属锌粉等混合在一起时，由于不安定的氧化剂和细粉状的易燃物质作用，虽静止下不会立刻发生爆炸，但稍受热或摩擦后立即会发生爆炸。其他如重铬酸钾、高硝基化合物、硝酸盐、氯酸盐类、磷类等，也会发生类似现象。有的商品受潮遇水也会发生燃烧、爆炸。

因此，在储运保管易爆炸的商品时，不可受热、受潮，不能与氧化剂、酸类或其他爆炸品放置在一起，以免发生意外。

影响商品质量变化的内在因素的三个方面，即商品的化学成分、结构和性质，是相互联系、相互影响的统一整体，所以考虑问题时，要从多方面设想，绝不能孤立地去分析看待这个问题。

二、影响商品质量变化的外在因素

商品在储存期间的质量变化，除了商品内部组成结构的变化和运动的结果外，同时与储存的外界因素有着密切的关系。这些外界因素，如空气中的氧、日光、温度、湿度、微生物、仓虫和卫生条件等，对储存期间商品质量的好坏都有不同的影响，甚至有的还起决定作用。商品储存期间的质量变化还与商品的耐储性、仓库内外环境、储存场所的适宜性、储存期的长短以及所采用的养护技术和管理手段等因素有关。通过采取一系列保养的维护工作，可以有效地控制储存环境因素，减少或减缓外界因素对仓储商品质量的不良影响。

1. 空气中的氧

空气是由各种不同气体混合而成的。低压大气的气体主要可分为两种：一种为不可变气体，即各种气体成分间维持着固定的比例关系，主要有 N_2、O_2 等；另一种为可变气体，即它们与其他各种成分间无固定的比例，以水汽、CO_2、SO_2 等气体为主。大气中的 O_2，约占空气质量的 21%。氧是一种非常活泼的物质，大气中进行的各种氧化反应，氧起着最为主要的作用。

氧能和许多商品发生反应。例如煤炭，与氧接触进行氧化反应并放热，如果散热不良，反应产生的热积聚起来使温度升高，随着温度升高反应加剧，温度升高速度因此再加快，如此恶性循环，最终将导致煤炭的自燃。其反应式如下：

$$C+O_2 \longrightarrow CO_2$$

一些具有生命的有机体商品，如粮食、果蔬、鲜蛋等，需要氧气进行有氧呼吸；商品的霉变、锈蚀、燃烧、爆炸、高分子材料的老化以及含有不饱和成分的油脂的氧化、酸败现象，一般都需要有氧参加作用。

因此，为了避免氧对商品质量变化的影响，在商品保管中，隔绝氧气是养护好商品的有效方法。如采取密封充氮或二氧化碳气体等。

2. 日光

日光是由各种不同波长的光线组成，除可见光外，尚有两种不可见光线，即红外线和紫外线。日光中红外线的照射以及提供的热量，使储存环境及货物的温度升高，因此储存环境的温度降低，对货物保养维护是有利的。同时日光中的紫外线具有很强的杀菌作用，可防止有机物的霉变。红外线有发热干燥作用，能蒸发商品中的水分。日光在一定条件下，有助于商品的养护。但有些商品经过一定时间的日光直接照射后，温度升高，氧化反应加速，如加速油脂酸败，使酒类混浊，胶卷、感光纸感光度下降等，失去使用价值；日光照射可促使有色物品褪色，如色布褪色；日光照射可使制品脆裂，如纸张发黄变脆，竹木制品开裂、变形；在日光的照射下，由于紫外线的作用，高分子材料（包括制品）的分子链发生变化，从而使材料的弹性降低、龟裂，如橡胶制品迅速老化，表面龟裂，失去弹性。

因此，要根据各种不同商品的特性，尽量避免或减少日光照射商品。

3. 空气温度

空气温度的变化对某些商品的质量有很大影响。一般商品在常温或常温以下，都比较稳定。温度升高将加强水分子运动，促使水分蒸发，易降低含水量和重量，使商品变质。仓库保管技术中常说的温度有气温、库温、垛温。它们之间的相互关系是：气温的变化影响库温，库温的变化影响垛温，而垛温过高、过低以及急剧的变化尤其是突降，都会给商品的保养维护工作增加许多不利的因素。

在高温情况下，易燃、自燃物品容易发生自燃事故甚至发生爆炸；挥发性液体受高温影响挥发速度加快；高分子材料如橡胶、塑料及其制品在高温作用下老化速度加快，结果使材料或制品发黏、变软或变硬变脆；高温能使金属材料及其制品涂抹的防护油脂熔化或变软流失，失去其保护作用。温度的高低与霉菌的生长和繁殖有关，夏季由于气温、库温较高，适宜霉菌的繁衍与生长，所以夏季一些有机物品常常发霉，严重时也将使库存货物失去其使用价值。对液体和含水量较高的商品，高温时会加速商品水分的挥发，引起干缩、开裂和重量损失。如竹、木制品的失水开裂，新鲜蔬菜、果品因失水而萎蔫和失重。

低温时，橡胶、塑料制品易变脆；锡在低温（－48～－15℃）时发生“锡瘟”，轻者在制品表面出现灰色小点，重者则完全变成灰色粉末；油脂在温度过低时又会硬脆开裂。如对密封于机械配件上的油脂来说，熔化或开裂都会失去密封保护作用，会降低精密度。当气温急剧下降时，很容易使空气中的水汽达到饱和状态，即达到露点温度，这时商品表面由于吸附作用常有液态水存在，导致怕湿商品严重受潮损坏和金属材料锈蚀。

因此，在储存保管中，一方面要防止温度过高，以免某些商品熔化、挥发及引起某些危险品的自燃、爆炸；另一方面也要防止气温过低时，某些液体商品结冻变质。同时要防止温差变动幅度过大，以免有些商品发生干缩、结块、溶化或凝结等现象。

4. 空气湿度

空气湿度，是指空气的干湿程度，一般随天气的晴雨冷暖而定，以相对湿度来表示。空气湿度的改变，能引起商品含水量、化学成分、外形或体态结构发生变化。湿度适宜，可保持商品的正常含水量、外形或体态结构和重量。

湿度下降，将使商品的含水量和重量，由于放出水分而降低和减重。如水果、蔬菜、肥皂等，会发生萎蔫或干缩变形；纸张、皮革等易发生开裂或脆损；竹、木材及其制品开裂变形；棉麻及其制品强度降低。

湿度上升，则会使商品含水量和重量相应增加，如赤砂糖、食盐、硝酸铵等易溶性商品结块、膨胀或进一步溶化；潮湿是金属材料及其制品在储存期间发生锈蚀的直接原因；通常是表面具有丰富的毛细孔或者是疏松的粉末状商品，常因大量吸收空气中的水分而变质，如水泥受潮后硬化、失效；遇水发生化学反应的商品受潮后与水发生反应而导致商品失去作用，如电石受潮后放出乙炔气，一方面是电石失效，另一方面由于反应放出的乙炔气属易燃、易爆气体，如果仓库通风不良而使乙炔气聚积，有发生爆炸的危险；长期受潮湿空气的影响，玻璃及其制品可能发霉，其原因是玻璃的主要成分为硅酸盐类，硅酸盐类在水汽的作用下，易发生反应，反应的产物是表面上看类似于霉菌聚积于玻璃或其制品表面，形成白色斑点或薄膜，降低玻璃的透明度；潮湿还能使有机材料霉变，如木材腐朽、橡胶霉变，皮革及制品受潮后，再干燥易产生裂纹；湿度过大使某些化工材料潮解、溶化，如润滑油的水解，润滑脂的乳化；棉麻及其制品受潮后变重、变硬，影响使用。

因此，要根据各种不同商品的特性，尽量创造各种商品适宜的相对湿度条件，储存商品，并应经常检查。

5. 有害气体

大气中的有害气体主要来自燃料，如煤、石油、天然气、煤气等燃料燃烧后放出的烟尘和工业生产过程中的粉尘、废气。对空气的污染，主要是二氧化碳、二氧化硫、硫化氢、氯化氢和氮氧化物等气体以及粉尘微粒。商品储存在有害气体浓度大的空气中，其质量变化明显。

（1）CO_2。大气中 CO_2 的含量很少，仅占气体体积的0.3%，它主要来源于可燃性物质的燃烧与动植物的呼吸，因而在人口集中的工业区，其含量较高，可达0.5%，在燃烧区域附近，其含量还要高一些。所以在厂区内，货物仓库应尽量远离具有燃烧过程的车间或设施，或布局于主导风向的上风。CO_2 对库存商品的影响较大，CO_2 为酸性氧化物，它的水溶液是酸：$CO_2 + H_2O \longrightarrow H_2CO_3$，其溶液是一种电解液，对金属材料防腐极为不利。

（2）SO_2。大气中 SO_2 的含量较 CO_2 更少，但对库存商品，尤其是金属材料的影响却很大。SO_2 与 CO_2 一样是酸性氧化物，易溶于水形成酸，且酸性较强。同时 SO_2 在空气中还可进一步氧化成 SO_3，其溶液也是酸。大气中的 SO_2 强烈地加速铁、铜、锌、镉等金属的锈蚀，空气中只要含0.01%的 SO_2，就可使这些金属锈蚀速度增加几十倍。SO_2 还会使皮革制品、纸张制品、纤维制品脆化。

（3）氯化物。工业大气中的氯化氢和氯离子都对金属商品具有较强的腐蚀作用，它们在水膜中溶解而形成盐酸。海洋大气中含有一定量的氯化物，其影响的主要因素是积聚在金属表面的氯化物，特别是氯化钙和氯化镁是吸湿的，易在金属表面形成液膜，当昼夜或季节气候变化达到露点时尤其明显。如铝在海洋大气条件下的锈蚀速度比在乡村大气条件下的锈蚀速度增加几十到上百倍。

(4) 灰尘。大气中灰尘的主要来源是自然界的风化物及工业烟尘，除个别酸性工业烟尘对商品有直接影响及大量的灰尘将影响到化工原料的纯度外，它们对库存货物的影响是间接的。首先，如果防尘不当而污染库存机电产品，将增加机械转动部分的摩擦，从而影响设备的使用寿命。这种影响在仓储期间是不能表现出来的，只是在使用中才有所表现。与此类似，由于摩擦力的增加，将影响到仪器仪表的精度。其次，由于大部分灰尘颗粒均为多孔性微粒，具有很强的吸湿性，若它们吸附于金属材料表面，当空气湿度较大时，将促使空气中水汽的凝结，从而使得金属锈蚀加剧。

因此，应通过改善储存环境、改进商品包装等，来减少有害气体对商品质量的影响。

6. 微生物和仓虫

微生物广泛存在于空气中，常见的危害商品微生物有细菌、酵母菌和霉菌等，一旦遇到适宜的环境条件，它们便能迅速生长繁殖。这些微生物在生命活动过程中分泌一种酶，利用它可以把有机商品中的蛋白质、纤维素、糖、木质素、有机酸、果胶等物质，分解为简单的物质，加以吸收利用，从而使商品变质，丧失其食用或使用价值。库中对商品有危害的微生物主要是各种霉菌，霉菌是各种有机物品霉变的直接原因。如皮革、纤维、橡胶、木材、涂料等制品，受到霉菌的侵蚀，发生霉变。同时，微生物异化作用中，在细胞内分解氧化营养物质产生各种腐败性物质排出体外，会使商品产生腐臭味和色斑霉点。真菌和霉菌也会沉积在金属表面，保持表面的水分，使金属易锈蚀。

仓虫在危害商品过程中，不仅破坏商品的组织结构，使商品发生破碎和孔洞，外观形态受损，而且在生活过程中，吐丝结茧，排泄各种代谢废物沾污商品，影响商品的质量和外观。

此外，鼠类也会咬坏商品，有时咬坏包装物使商品受到间接损坏；鸟类对库存货物的危害主要表现在对金属材料的腐蚀上。它们的排泄物中有大量含磷化合物，也是电解质，同时它们的排泄物还具有一定的吸湿性，由于这些因素的作用，当金属材料表面被鸟类的排泄物污染时很容易生成电解液而腐蚀金属。

因此，在商品保管中，应根据商品的含水量情况，采取不同的措施，防止微生物、仓虫生长繁殖。

7. 卫生条件

保持商品本身和仓库的清洁卫生，也是保证商品免予变质受损的重要条件之一。假若仓库的卫生条件不良，灰尘、垃圾、油垢、腥臭等污染了商品，不但易于造成某些商品发生外观疵点或感染异味，甚至更为微生物和仓库害虫提供繁殖活动的场所，引起商品的霉变和损坏。

因此，在储存保管中，必须注意卫生条件，保护商品和包装，以保证商品质量的完好。

第4节　温度和湿度基础知识

学习目标

➢掌握温度和湿度及其相关的概念

➢了解温度与湿度的关系

➢理解温度和湿度变化规律和干湿球温度计的测湿原理

➢能够正确设置、使用干湿球温度计和应用《温度和湿度查对表》

知识要求

不同的商品，它们的性能也不一致。有的怕潮，有的怕干，有的怕热，有的怕冻。例如，食糖、食盐潮解溶化；奶粉、漂白粉受潮结块；金属受潮锈蚀；闷热、潮湿的空气，容易引起动植物商品生霉、生虫；而空气过分干燥，又会引起肥皂干缩，皮革、竹木制品干裂等。温度过高或过低，也会引起某些商品质量的变化，例如，蜡制品遇热发黏或熔化；医药针剂、福尔马林、墨水、墨汁等受冻则聚合沉淀等。影响仓储商品变化的外界因素很多，其中最主要的是仓库的温度和湿度。商品发生质量变化，几乎都与空气的温度、湿度有密切的关系。

各种商品，一般都具有与大气相适应的性能。按其内在特性，又都要求有一个适宜的温度、湿度范围。而库内温度、湿度的变化，直接受到库外自然气候变化的影响。因此，我们不但要熟悉各种商品的特性，还必须了解自然气候变化的规律，以及气候对不同仓库温度、湿度的影响，以便积极采取措施，适当地控制与调节库内的温度、湿度，创造适宜商品储存的温度、湿度条件，确保商品质量安全。

一、空气温度及变化规律

1. 空气温度

空气温度是指空气的冷热程度，简称气温。空气中热量的来源，主要是由太阳通过光辐射把热量传到地面，地面又把热量传到近地面的空气中。因为空气的导热性很小，所以，距地面越近气温越高，距地面越远气温越低。

气温是用温度来测定的。衡量空气温度高低的尺度称为温标。常用的温标有摄氏温标和华氏温标两种，都以水沸腾时的温度（沸点）与水结冰时的温度（冰点）作为基准点。

摄氏温标的结冰点为0℃，沸点为100℃，中间分成100等份，每一等份为1摄氏度，摄氏度用符号“℃”来表示。

华氏温标的结冰点为32 ℉，沸点为212 ℉，中间分成180等份，每一等份为1华氏度，华氏度用符号“℉”来表示。

在仓库日常温度管理中，我国规定采用摄氏度表示，凡0℃以下度数，在度数前加一个负号“－”。

摄氏温标和华氏温标可以互相换算，其公式如下：

$$t_1=5/9\ (t_2-32)$$

式中 t_1——摄氏度度数，℃；

t_2——华氏度度数，℉。

2. 空气温度的变化规律

空气的温度处于经常的、不断的运动变化中。它的变化有周期性变化和非周期性变化两种类型。周期性变化又有日变化和年变化。

（1）气温的日变化。气温的日变化是指一昼夜间气温的变化。一日之中，日出前温度最低，因为在夜间，地面得不到太阳的照射，加上不断地散热，温度下降。日出以后，由于太阳照射地面，地面吸收的热量多于散失的热量，使地面的温度不断升高，空气的温度也随之逐渐升高，通常在午后2—3时出现最高气温，以后温度逐渐降低，直到次日日出前，温度又达到最低值。从日出到午后2—3时，温度上升较快，从午后到黄昏，温度下降较慢，夜间到次日日出，温度下降较快。一日内气温变化最快的时间是上午8—10时，其次是午后6—8时。

一天中气温的最高值和最低值的差叫做气温日较差。气温日较差的大小受纬度、季节、地形等因素的影响很大。由于太阳高度角的日变幅随纬度的增加而减小，故气温日较差一般随纬度的增加而减小。在热带气温日较差平均为12℃，温带为8～10℃。

在不同的季节里，气温日较差也不相同。在温暖季节里，由于中午太阳正射地面，辐射强度大，因此，气温日较差就比寒冷季节大。一般来说，夏季数值最大，冬季最小；晴天数值比阴天大。

凹陷的地形气温日较差较大，凸出的地形气温日较差则较小。这是因为凹地和山谷地的空气白天受热不易散失，气温较高，夜间就强烈变冷，冷却的空气顺坡下滑，积聚在凹地，气温反而比平地低。所以，凹地气温日较差较大。凸地，如小丘、小岗，情况相反，气温日较差小。

此外，下垫面的性质也影响气温的日较差。一般来说，温度变化剧烈的表面，气温日较差也较大。沙土、深色土和干松土壤上的气温日较差分别比黏土、浅色土和潮湿土壤上的气温日较差大。同理，陆地气温日较差比海洋大，在有植被或植被茂密的地方的气温日较差比裸露地区或植被稀疏的地方大。

（2）气温的年变化。气温的年变化是指气温在一年内有规律的变化。一年之中，在内陆，最低气温出现在 1—2 月，最高气温出现在 7—8 月；沿海地区最低气温出现在 2 月，最高气温出现在 8 月。年平均气温出现在 4 月底和 10 月底。影响气温变化的因素有纬度、地形、下垫面性质以及海拔高度等。

（3）气温的非周期性变化。气温的非周期性变化是指时间上没有像周期性变化那样有规律的气温变化。它是不正常的、偶然性的变化。如霜冻、寒流、暖流、风、雪、雾、雨等，都会造成气温的突然变化。由于这些变化没有固定的时间和周期性规律，因此，常给商品储存养护工作带来困难，甚至使商品遭受破坏或损失。

3. 库内空气温度的变化规律

库内空气温度的变化主要受大气温度变化的影响，它随着大气温度的变化也相应地发生规律性变化。库内气温的变化，不论日变化或年变化，都与库外气温的变化规律大致相同。

由于库内空气的热源主要来自库外，太阳光照射库房墙壁、屋顶向库内传导热量，或通过门窗向库内辐射热量，库外大气也经墙壁、库顶与库内进行热量交换，或通过门窗、通风洞等对流，这些影响在时间上需要一个过程，程度上也受到一定的削弱。因此，库内温度的变化，稍迟于库外，而且温度变化的幅度也比库外小。由于库内温度变化落后于库外，因此夜间库内温度比库外高，白天库内温度比库外低。有的地区采取夜间通风便是基于这一原理。

此外，库房坐落方向、建筑结构、建筑材料、库房部位以及储存商品等对库房的温度变化均有一定的影响。一般来讲，仓库坐落在空旷的地方，受外温的影响较小，坐落在周围有建筑物的地方，受外温影响较大；铁皮和木板结构的仓库，受外温影响较大，石墙次之，砖墙又次之。外墙颜色浅、抹光的受外温影响比颜色深、不抹光的小。库房高度、墙壁厚薄、有无顶棚等，也对库温有不同影响。库内不同部位的温度分布也不一致，一般接近库顶的部位，温度较高，而接近于地面的部位，温度较低；向阳一面温度偏高，背阳一面温度偏低；垛顶温度偏高，垛底温度偏低；通风好的部位易受外温影响，库内深处温度较稳定。另外，商品堆码的形式和商品的种类都对库温有一定的影响。

二、空气湿度及变化规律

1. 空气湿度

空气湿度是指空气中水汽含量的多少或空气干湿程度，简称湿度。空气中的水汽，主要来自江河湖海、土壤和绿色植物等不断地向空气中蒸发和蒸腾水分，这些水蒸气再由风带到陆地的上空，使陆地的上空到处都有水蒸气的存在。水汽在蒸发和凝结的过程中，要吸收或放出热量，因此它对空间的气温也有一定的影响。空气湿度的表示方法有绝对湿度、饱和湿度、相对湿度。

（1）绝对湿度。绝对湿度是指单位体积的空气中实际所含的水汽量，用 e 表示。在温度、湿度管理工作中，绝对湿度的单位为 g/m^3。

温度对绝对湿度有直接影响。温度越高，水分蒸发越多，绝对湿度也就越大；反之，温度越低，水分蒸发越少，绝对湿度也就越小。

（2）饱和湿度。在空气中虽然经常含有水蒸气，但也不能无限制地容纳水蒸气。在一定的温度下，一定体积的空气中所能容纳的水汽量是有限度的。饱和湿度是表示在一定温度下，每立方米空气中所能容纳的水汽量的最大限度，用 E 表示。在温度、湿度管理工作中，饱和湿度的单位为 g/m^3。

空气的饱和湿度是随着空气温度的变化而变化的。温度越高，空气中所能容纳的水汽量就越多，饱和湿度也越大；反之，温度越低，饱和湿度就越小。不同温度有相应的饱和湿度值（见表 5—1）。

（3）相对湿度。相对湿度是指在同温度下，空气的绝对湿度与饱和湿度的百分比，用 r 表示。

$$相对湿度（r）=\frac{绝对湿度（e）}{饱和湿度（E）}\times 100\%$$

相对湿度是表示空气中实际含有的水汽量（绝对湿度）距离饱和状态（饱和湿度）的程度。相对湿度越大，就表示空气中的水汽量距离饱和状态越接近，空气就越潮湿，水分就越不易蒸发；反之，就说明空气越干燥，水分就越容易蒸发。所以，要了解空气的干湿程度，主要看空气的相对湿度高低。即相对湿度越大，表示空气越潮湿；相对湿度越小，表示空气越干燥。

相对湿度是影响商品质量的湿度，是人能够感受到的湿度，也是管理者要控制的湿度。

表5—1　不同温度的饱和湿度表

温度（℃）	饱和水汽量（g/m³）	温度（℃）	饱和水汽量（g/m³）	温度（℃）	饱和水汽量（g/m³）
−10	2.363	10	9.329	30	30.036
−9	2.548	11	9.934	31	31.702
−8	2.741	12	10.574	32	33.446
−7	2.949	13	11.249	33	35.272
−6	3.171	14	11.961	34	37.183
−5	3.407	15	12.712	35	39.183
−4	3.658	16	13.504	36	41.274
−3	3.926	17	14.338	37	43.461
−2	4.211	18	15.217	38	45.746
−1	4.513	19	16.143	39	48.133
0	4.835	20	17.117	40	50.625
1	5.176	21	18.142	41	53.700
2	5.538	22	19.220	42	56.500
3	5.922	23	20.353	43	59.500
4	6.330	24	21.544	44	62.500
5	6.761	25	22.795	45	65.500
6	7.219	26	24.108	46	68.800
7	7.703	27	25.486	47	72.200
8	8.215	28	26.931	48	75.700
9	8.857	29	28.447	49	79.400

空气的绝对湿度、饱和湿度、相对湿度与温度之间有着对应的关系。温度如发生变化，则各种湿度也随着发生变化。

1）当温度不变或相同时，绝对湿度越大，相对湿度越大；绝对湿度越小，相对湿度也越小，绝对湿度与相对湿度成正比。

2）当相对湿度不变或相同时，温度越高，绝对湿度越大；温度越低，绝对湿度也越小，温度与绝对湿度成正比。

3）当绝对湿度不变或相同时，温度越高，相对湿度越小；温度越低，相对湿度越大，温度与相对湿度成反比。

2. 空气湿度的变化规律

（1）绝对湿度的变化规律。一般来说，绝对湿度是随着温度的升高而增加，随着温度的降低而减小的。绝对湿度的变化有日变化和年变化情况。

1）绝对湿度的日变化。绝对湿度的日变化有单峰型和双峰型两种。绝对湿度的单峰型日变化是指每日之中出现一次最高值和一次最低值。通常是日出前气温最低时，绝对湿度最小；日出后随着气温的升高逐渐增大，午后 2—3 时气温达到最高时，绝对湿度达到最高值，然后又随气温的下降而逐渐减小。这种类型的变化，多出现在海岛、沿海地区以及大陆上的秋、冬季节。另一种类型是双峰型的日变化，在一日之中出现两次最高值和两次最低值。接近日出前出现第一次最低值，日出后气温逐渐升高，空气中水汽蒸发逐渐增多，至上午 8—9 时绝对湿度出现第一次最高值；随后空气对流作用逐渐增强，近地面的水汽受热上升，高处干燥冷空气下沉到地面，形成空气垂直对流，到午后 2—3 时气温最高，对流作用也很强，绝对湿度又出现第二次最低值；此后，气温渐低，空气对流作用减弱，热空气停止上升，水蒸气聚集在地面，到晚上 8—9 时，绝对湿度又重新增大，出现第二次最高值。

2）绝对湿度的年变化。绝对湿度的年变化，基本上与气温的年变化相一致。由于夏季温度高，水分蒸发比冬季快。因此一年之中，绝对湿度最高值出现在 7—8 月，最低值出现在 1 月。

（2）相对湿度的变化规律。相对湿度随气温的升高而减小，随气温的降低而增大。相对湿度也有日变化和年变化情况。

1）相对湿度的日变化。一日之中，在气温最低的日出前，相对湿度最高；日出后逐渐降低，到午后 2—3 时相对湿度达到最低值；以后又随气温的下降而逐渐升高；到次日日出前又达到最高值。但在沿海一带的夏季，由于受到海洋带来含有较多水蒸气的风的影响，这种风在午后 1—3 时最强，因此，这时相对湿度最高。

2）相对湿度的年变化。相对湿度的年变化，在我国内陆干燥地区，最高值出现在冬季，最低值出现在夏季。在季风地区，夏季盛行从海洋带来大量水汽的季风，冬季盛行来自大陆高纬度的寒冷干燥的西北风，因而相对湿度最大值出现在夏季，最小值出现在冬季。

3. 库内湿度的变化规律

库内的空气湿度，主要是受库外空气湿度的影响。但库房建筑结构和储存商品的状况等，对库内湿度也有一定的影响。

库内的湿度通常是随库外湿度变化而变化，但是密封良好的库房受到的影响较小，且库内各部位的湿度也因库内具体情况而有差异。例如，库房上部，因气温较高，所以相对湿度较低，底部因接近地面，温度较低，因此，相对湿度较高；背阳面因气温较低，相对湿度偏高；库房的四周、垛下由于空气淤积不易流通，相对湿度就比较高。

三、露点

露点或称露点温度，它是指含有一定量的水汽（绝对湿度）的空气，当温度下降到一定程度时，所含的水汽就会达到饱和状态（饱和湿度），并开始液化成水。这种现象叫做“结露”。水汽开始液化成水时的温度叫做“露点温度”，简称“露点”。如果温度继续下降到露点以下，空气中超饱和的水蒸气，就会在商品或其他物料的表面上凝结成水滴，此现象称为“水淞”，俗称为“出汗”。

库房内空气湿度越接近露点，相对湿度越高；距离露点越远，相对湿度越低。

商品在仓库储存过程中的各种变质现象，几乎都与空气温度、湿度有密切关系，仓储商品维护保养的重要工作就是控制好仓库的温度、湿度。

四、温湿度计的设置与使用

在进行商品保养时，只知道库房内的湿度变化规律还不够，只有通过准确的测量，求得库房内外空气湿度的具体量值，才能采取可靠的措施来控制仓库湿度。测温、测湿仪器包括干湿球温度计及各种温度、湿度自动测试仪，普通仓库配置干湿球温度计即可。

1. 干湿球温度计的构造

它由两只相同的普通温度计构成。左边一支为干球温度计，可直接读出当时的气温。右边一支为湿球温度计，在其下端球部用纱布包裹，并将纱布的另一端浸入水槽中，水槽中注入纯净水，纱布和温度计的球部经常保持湿润。为确保测湿的准确性，应保持纱布清洁以及水位占水槽高度2/3（见图5—1）。

使用干湿球温度计能测出空气湿度的原理是：因为包裹湿球纱布上的水分在不断蒸发时需要吸收热量，所以温度就比干球的温度低。空气越干燥，水分蒸发越快，吸收的热量越多，湿球的温度也就越低；反之，空气潮湿，湿球纱布上的水分蒸发就慢，吸收热量就少，湿球温度下降就少。

在实际使用中，准确地读出干湿球所示的温度值，就可以从表中查出当时温度下的饱和湿度、绝对湿度及相对湿度。干湿球温度计的两支温度计对温度变化的反应是很灵敏的，在观测时要注意勿使头、手、灯等过于接近其球部，更不能触及表面，否则将影响两支温度计的示值。观测时，视线和水银柱的顶端应保持在同一高度，否则容易产生“视差”，影响读数的准确性。

2. 干湿球温度计的设置

在库内，干湿球温度计应安置在空气流通，不受阳光照射的地方。挂置高度与人眼齐平，1.5～1.7 m。在储存重点商品需要加强温度、湿度管理的库房内，可根据库房面积的

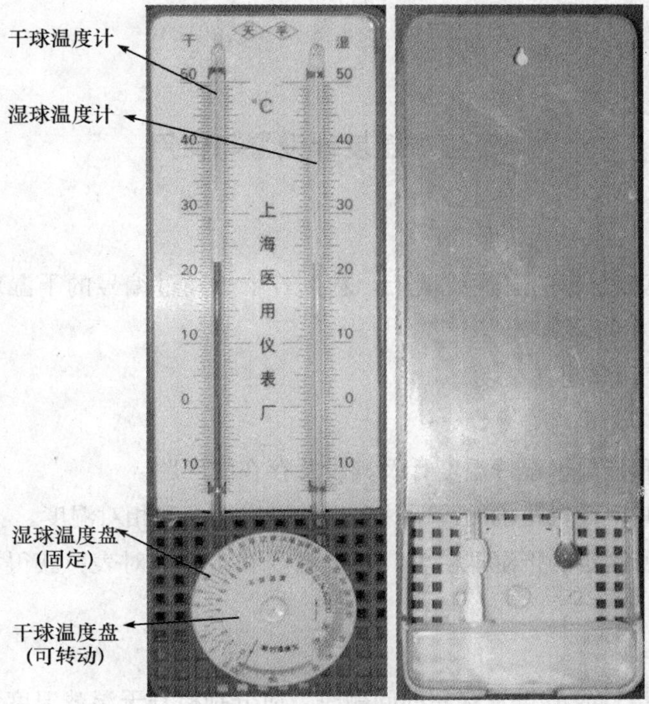

图 5—1　干湿球温度计

大小，酌量多设几支干湿球温度计，以加强观测。

3. 温度和湿度测定

（1）利用干湿球温度计测定相对湿度

1）观测和记录干球和湿球温度值；

2）分别在干球温度刻度盘和湿球温度刻度盘找到相应的温度值；

3）转动干球温度盘，将干球温度值与湿球温度值刻度对齐；

4）观测相对湿度箭头所指的数值，即相对湿度。

（2）利用《温度和湿度查对表》得到湿度值

1）观测和记录干球和湿球温度值；

2）根据干球和湿球温度值，从《温度和湿度查对表》查得相应的相对湿度、绝对湿度和饱和湿度（该温度下，相对湿度为100%时的绝对湿度）（见附表）。

技能要求

干湿球温度计设置与使用

操作准备：

1. 在仓库或模拟仓库的立柱或墙上，悬挂若干个经过编号的干湿球温度计，其中部分干湿球温度计存在问题。

2. 提供《温度和湿度查对表》。

操作步骤：

步骤1　检查和指出干湿球温度计及其设置存在的问题。

步骤2　选择其中设置正确的干湿球温度计测定温度和相对湿度。

步骤3　利用所测定的干湿球温度，查《温度和湿度查对表》获得相对湿度、绝对湿度和饱和湿度。

注意事项：

检查干湿球温度计及其设置存在的问题时，应分别检查干湿球温度计存在的问题和设置存在的问题。

模拟测试题

一、判断题（将判断结果填入括号中。正确的填“√”，错误的填“×”）

1. 只改变物质本身的外表形态，而不改变其本质，并不生成新的物质，属仓储商品的化学变化。（　　）

2. 煤油属于会引起其他商品串味的商品。（　　）

3. 橡胶制品的老化属于仓储商品的物理变化。（　　）

4. 包装用的玻璃瓶受冷易炸裂，是因为导热性差。（　　）

5. 磷的化学稳定性差。（　　）

6. 空气温度是指空气的炎热程度。（　　）

7. 在春、夏季节，白天库温通常低于库外气温。（　　）

8. 绝对湿度是指空气干燥、潮湿的程度。（　　）

9. 当空气温度为25℃时，绝对湿度为15.34 g/m^3，饱和湿度为22.80 g/m^3，则相对

湿度为 70%。 （ ）

10. 库房内空气温度越接近露点，表示空气就越潮湿。 （ ）

二、单项选择题（下列选项中只有一个正确的答案，请将相应的字母填入题内的括号中）

1. 商品养护学是一门（ ）性的应用技术科学。

A. 专门　B. 单一　C. 专业　D. 综合

2. 下列商品中，易被串味的商品为（ ）。

A. 煤油　B. 腌肉　C. 食糖　D. 樟脑

3. 仓储商品的聚合属仓储商品的（ ）变化。

A. 物理　B. 化学　C. 机械　D. 生理生化

4. 有生命的有机体商品，为了维护它们的生命，本身所进行的一系列变化，属仓储商品的（ ）变化。

A. 物理　B. 化学　C. 机械　D. 生理生化

5. 下列商品中，属有机成分的商品是（ ）。

A. 纸张　B. 五金　C. 玻璃　D. 硫黄

6. 弹性属商品的（ ）性能。

A. 物理　B. 化学　C. 力学　D. 生理生化

7. 68 ℉等于（ ）。

A. 20℃　B. 22.5℃　C. 25℃　D. 25.5℃

8. 最低气温通常在（ ）。

A. 21：00—24：00　B. 24：00—3：00

C. 3：00—6：00　D. 6：00—9：00

9. （ ）是指在一定的温度下，每立方米的空气中能容纳水汽量的最大限度。

A. 空气湿度　B. 绝对湿度　C. 饱和湿度　D. 相对湿度

10. 当绝对湿度不变时，温度越高，相对湿度（ ）。

A. 越小　B. 越大　C. 不变　D. 无法判断

模拟测试题答案

一、判断题

1. × 2. √ 3. × 4. × 5. × 6. × 7. √ 8. × 9. × 10. √

二、单项选择题

1. D　2. C　3. B　4. D　5. A　6. C　7. A　8. C　9. C
10. A

第 6 章

商品出库业务

第1节　商品出库方式

学习目标

➢了解出库的概念

➢掌握出库的基本要求

➢理解出库的基本方式

知识要求

出库业务，是指仓库根据出库凭证要求，进行出库准备、审核出库凭证、备料、复核、包装、刷唛、点交与清理等一系列工作的总称。出库的主要任务是准确、快速、保质保量地搞好发放工作，为客户提供满意的服务。

仓库的隶属关系不同、储存货物的种类不同，出库业务也有所不同。零售企业和物流企业仓库出库的大都是产成品，工业企业仓库出库的包括原材料、半成品、备品备件、工程物资和产成品等。因此，出库的凭证、方式、程序及服务对象等都有所不同。

一、商品出库的基本要求

1. 严格贯彻“先进先出，推陈储新”的原则

它是指先进仓库的商品应先出库，以确保商品储存的质量。还要考虑易霉易坏的商品先出，接近保质期的商品先出库的原则。

2. 贯彻节约用料原则

对于按重量供应与出库的商品、货物，有时需事先分斤破两备货；对于回收复用的货物，要在保证产品质量的前提下，按照先旧后新的原则供应；对于整盒、整袋、整包入库的货物应拆零供应。

3. 出库凭证和手续应齐全

出库凭证和手续必须符合要求。仓库发料时，必须以企业计划部门或销售部门开出的定额供料单和领料单、企业内部调拨单、成品销售出库通知单、外拨加工领料单等为依据，严格限额发料。超计划用料和临时用料必须经有关领导书面批准后才能发料；物料报废需补料的，除由企业检查部门查实后填制盖有“废品已收，同意补发”图章的报废单

外，还需使用部门领导签署“同意补发”的意见后，才能补发。对不符合发料要求的各种借条一律拒绝发料。

4. **出库供应要准确及时**

（1）商品出库必须准确。商品出库准确是指按照商品出库凭证所列商品编号、产地、品名、规格、等级、单位、数量等项，做到准确无误地点交清楚。为此要做到以下三点：

1）要以正式的商品出库凭证为依据，不能以白条发货或以欠条代单。

2）商品出库前应做好相应准备，并按一定的操作程序进行。

3）要加强复核工作。从审核出库凭证到最后商品点交，环环都要复核，做到单货相符，批次不乱，准确点交，避免差错。

（2）商品出库必须及时。商品出库及时是指根据购销单位或存货部门的要求，在接到出库凭证之后，及时组织商品出库，如发现出库凭证所列品种、规格、牌号、数量与库存实物不符时（保管员不得任意改发），应及时通知有关业务部门更换出库凭证。发货时，原则上一份单据上的货应一次发完。如确有困难，必须分批多次提货时，保管员必须及时向提货人交代和办理分提手续；分提发货时，必须及时填写分批提货记录。为保证商品出库及时，要做到以下两点：

1）不断提高仓库工作人员业务技术的熟练程度，合理组织出库作业。

2）要加强与业务经营单位联系，可采取预约备货制，提前做好准备。

5. **做到“三不”“三核”“五检查”**

商品出库要求做到：“三不”，即未接单据不翻账，未经审单不备货，未经复核不出库；“三核”，即在发货时，要核实凭证、核对账卡、核对实物；“五检查”，即对单据和实物要进行品名检查、规格检查、包装检查、件数检查、重量检查。

具体要求有以下两点：

（1）提高服务质量，使用户满意。积极与货主联系，为用户提货创造各种方便条件，杜绝差错事故。

（2）要严格遵守各项规章制度。

二、商品出库的基本方式

商品出库的主要方式有代运方式、自提方式、送货方式。

1. **代运方式**

仓库根据收货单位的委托，凭货主所开的“商品调拨通知单”办理出库手续。通过运输部门把商品发到需方指定的地点。其操作方式是：由业务部门事先将发货凭证送到运输部门，运输部门经过制单托运，待铁路、水路和航空等交通单位批票或派车（船）之后，由运输部门向仓库保管办理提货手续。

2. 自提方式

自提方式是指收货单位或运输公司受收货单位委托，持货主所开的“商品调拨通知单”或“提货单”到仓库提货。

上述两种出库方式适合储运、物流公司仓库。

3. 送货方式

送货方式有两种情况：一种是仓库根据发货凭证同运输部门进行交接，由运输部门组织车辆将货物送到指定的地点；另一种是仓库根据发货凭证同物流公司进行交接，由物流公司将货物送到指定的地点。这种出库方式适合零售企业仓库。

此外，有些仓库根据业务需要，还有提样出库、商品移库和商品过户等形式；生产企业仓库出库方式主要包括领料、送料、配送和成品送货等方式。

第 2 节　商品出库程序

学习目标

➢了解出库的程序、出库凭证的分类及用途
➢掌握审核出库凭证、备料、包装的要求

知识要求

为了做到“准确、及时、安全、经济”地组织商品出库，必须按照一定的科学程序进行作业。

一、商品出库准备

出库准备是出库业务的第一个环节，搞好出库准备有利于库位的合理利用，可以提高出库作业效率，有利于人员的合理配备。

1. 加强商品出库前的联系

要使商品出库迅速顺利，避免临时出库的忙乱现象，仓库要经常或定时与有关业务部门、交通运输部门或搬运部门取得联系，了解库存商品出库动态，随时掌握近期需要出库的商品品种、数量、具体时间、使用的运输工具及其流向和具体要求。为此，仓库可与供货单位或要货单位、部门建立“预约”制度。一般采用电话“预约”或供货（要货）单位提前开出商品出库凭证交仓库，以便及时做好商品出库前的各项准备工作。

2. 做好挑选整理工作

商品在出库之前，往往要经过一番挑选整理工作。根据不同商品的不同要求，有的要查对品种、规格、数量；有的散装商品、包装规格不一或包装过大的商品，需要加用包装、改换包装和包装归组；有些商品需要挑选等级或适当搭配花色、式样、规格，这些工作都应当在商品发出前做好。即使是原件发出，往往由于商品入库时拆件验收，经过搬、倒，有的包装不能适应再次运输、装卸的要求，也需要事先将包装进行整理、加固或更换包装。

3. 做好商品出库的人力、机具设备及发运场地（货位）准备

对出库作业所需的衡器、装卸机具等，均应事先做好准备和进行检查，保持良好状态。同时，应当安排好人力，选择发货垛和拆除货垛苫盖物，安排好堆放出库商品的场地（货位）等项准备工作。这些准备工作特别是对大宗商品出库更为必要。

二、审核出库凭证

仓库发放的商品（货物），除满足本企业生产（经营）部门需用外，也有对外销售和用于外拨协作加工的。为了明确出库商品（货物）的用途，正确计算产品成本，所有商品（货物）出库都必须有一定的凭证手续。这种凭证手续既要符合制度上的严密性，又要力求简便易行；既便于生产（经营），又有利于仓库管理。

1. 出库凭证的分类

（1）企业内部物料出库凭证。企业内部商品（货物）领用的凭证主要有定额领料单和领料单两种，其他还有仓库与仓库之间的材料内部调拨单，为用户服务专设的成品零件、外购件借用凭证，因加工报废的补废料单，因保管不善材料丢失的补失料单等。

1）定额领料单。它适用于有货物消耗定额的生产用货物。定额领料单通常由供应部门定额员根据生产作业计划和货物消耗定额核算后填制，由领料单位凭单领料或由下料单位领出集中下料（见表 6—1）。

2）领料单。领料单适用于没有消耗定额的货物的领用，是一次性使用的领料凭证（见表 6—2）。

表 6—1　　定额领料单

产品型号	C1312	××××厂
用料车间	装配	定 额 领 料 单　　编号：

货物名称	型号规格	前期累计台份	本单请发台份	累计发出台份	单位	按定额应发数量	
						每台	合计
黄绿双色铜芯塑料线	RV. TH. 500V 32/0.2	50	50	100	m	20	1 000
备注	请于 10 月 21 日将上列货物配交装配车间部装工段					计划单价（元）	计划总价（元）
						0.15	150.00

会计科	收料人	检查员	发料人	供应科	制单人
×月×日	×月×日	×月×日	×月×日	×月×日	×月×日

表 6—2　　领料单

制品名称		××××厂
工作令号		领 料 单　　编号：

请于　　月　　日 将下列材料配交　　车间　　工段									
物资名称	型号规格	请发		实发		下料尺码	计价单位	计划总价	备注
		数量	单 位	数 量	单 位				

填单人	供应科审核	成本员审核	主管人	发料人	收料人
年　月　日	年　月　日	年　月　日	年　月　日	年　月　日	年　月　日

3）成品零件、外购件借用凭证。这种凭证是为用户专设的。用户在使用企业的产品中，因产品的某部件发生了问题，来电或来信请企业派人去修理，企业的用户服务部门在未弄清责任问题之前，先把预计要更换的部件以“成品零件、外购件借用凭证”的形式领出库房，带到用户处进行处理、更换零件或外购件用。查明原因后，区分用户责任和企业产品质量问题的不同情况，分别进行对外销售和营业外损失的账务处理。成品零件、外购件借用凭证的格式见表 6—3。

表 6—3　　成品零件、外购件借用凭证

编号：　　　　　　　　　　　　　　　　　　　　　　　　　　年　月　日

<table>
<tr><td>产品型号</td><td>C3025</td><td>借用单位</td><td>销售科用户服务组</td><td>用途说明</td><td colspan="3">去上海××××厂修理机床用</td></tr>
<tr><td colspan="2">借用件型号（单号）</td><td colspan="2">借用件名称</td><td>件数</td><td colspan="3">备注</td></tr>
<tr><td colspan="2">GLM 3-16</td><td colspan="2">电磁离合器</td><td>壹</td><td colspan="3">上海××××厂购我厂一台 C3025 车床，使用中电磁离合器损坏，现借壹套带上海作修理用，分清责任后回厂再作正式处理</td></tr>
<tr><td>供应科主管</td><td></td><td>生产科主管</td><td></td><td>借用单位主管</td><td></td><td>借用人</td><td></td></tr>
</table>

4）不合格件处理单。产品（零部件）在加工中因工废、料废需重新领料时，要填写"不合格件处理单"（见表 6—4）。经检验部门和技术部门等签署意见后，到供应部门找定额员补开定额领料单，在定额领料单的备注栏里注明"补废"两字，凭此二单到仓库领料。

表 6—4　　不合格件处理单

炉次：　　　　　　　　　年　　月　　日　　　　　　　　　　编号：

<table>
<tr><td rowspan="2" colspan="2">产品型号</td><td rowspan="2">零件单号</td><td rowspan="2">零件名称</td><td colspan="2">交检</td><td colspan="2">不合格</td><td rowspan="2">材料</td><td colspan="2">重量（kg）</td></tr>
<tr><td>工序</td><td>件数</td><td>工序</td><td>件数</td><td>单件</td><td>合计</td></tr>
<tr><td colspan="2"></td><td></td><td></td><td></td><td></td><td></td><td></td><td></td><td></td><td></td></tr>
<tr><td colspan="2">不合格情况与原因</td><td colspan="9"></td></tr>
<tr><td colspan="2">责任单位</td><td colspan="2"></td><td colspan="2">责任者</td><td colspan="2"></td><td>检验者</td><td colspan="2"></td></tr>
<tr><td>处理意见和措施</td><td>车间与工艺</td><td></td><td>技术科</td><td></td><td>检验科</td><td></td><td>检验组</td><td></td><td>厂部</td><td></td></tr>
<tr><td colspan="2">回用件数</td><td colspan="2">单件工时（分）</td><td colspan="2">合计工时（分）</td><td colspan="2">废品件数</td><td>单价工时（分）</td><td colspan="2">合计工时（分）</td></tr>
<tr><td colspan="2"></td><td colspan="2"></td><td colspan="2"></td><td colspan="2"></td><td></td><td colspan="2"></td></tr>
</table>

5）材料内部调拨单。它是企业仓库之间互通有无或调整储备的一种货物调拨出库凭证（见表 6—5）。

表6—5　　调拨单

<table>
<tr><td>产品规格/型号</td><td></td><td>产品编码</td><td colspan="3"></td><td>单位</td><td></td><td>数量</td><td></td></tr>
<tr><td>调出仓库（部门）</td><td></td><td>调入仓库（部门）</td><td></td><td>调拨时间</td><td></td><td>调入地点</td><td colspan="3"></td></tr>
<tr><td>调拨原因</td><td colspan="9"></td></tr>
<tr><td>领导审批意见</td><td colspan="7"></td><td>签收人</td><td></td></tr>
<tr><td colspan="10">收货人：　　日期：</td></tr>
</table>

（2）销售出库凭证。销售出库凭证是流通企业和制造业仓库商品或产成品出库的依据，即由销售业务部门开具发货单或出货通知单，如流通企业常用的商品发货单（见表6—6）和生产企业常用的成品出货通知单（见表6—7）。

表6—6　　发货单——提货联

No. 022879

购买者（全称）________　　发货仓库________　　储存凭证或栈号

所属局或地区________　　仓库地址________　　年　月　日

<table>
<tr><td>货号、品名、规格、牌号</td><td>国别及产地</td><td>包装及件数</td><td>单位</td><td>数量</td><td>单价</td><td>总价</td><td>实发数</td></tr>
<tr><td></td><td></td><td></td><td></td><td></td><td></td><td></td><td></td></tr>
<tr><td></td><td></td><td></td><td></td><td></td><td></td><td></td><td></td></tr>
<tr><td></td><td></td><td></td><td></td><td></td><td></td><td></td><td></td></tr>
<tr><td></td><td></td><td></td><td></td><td></td><td></td><td></td><td></td></tr>
<tr><td></td><td></td><td></td><td></td><td></td><td></td><td></td><td></td></tr>
<tr><td></td><td></td><td></td><td></td><td></td><td></td><td></td><td></td></tr>
<tr><td></td><td></td><td></td><td></td><td></td><td></td><td></td><td></td></tr>
<tr><td rowspan="2">危险品标志章及备注</td><td colspan="3">运费￥　　容器押金￥</td><td>总金额</td><td colspan="3"></td></tr>
<tr><td colspan="7">人民币（大写）</td></tr>
</table>

第二联　购买者凭证提货

审核：　　制单：

表 6—7　　　　　　　　　　出货通知单

<table>
<tr><td>业务人员</td><td colspan="2"></td><td colspan="2">出货日期</td><td colspan="2"></td></tr>
<tr><td>订单号码</td><td colspan="2"></td><td colspan="4" rowspan="6">备注</td></tr>
<tr><td>客户名称</td><td colspan="2"></td></tr>
<tr><td>电话号码</td><td colspan="2"></td></tr>
<tr><td>收货地址</td><td colspan="2"></td></tr>
<tr><td>运输方式</td><td colspan="2"></td></tr>
<tr><td>运输日期</td><td colspan="2"></td></tr>
<tr><td colspan="7">出货明细表</td></tr>
<tr><td>序号</td><td>产品名称</td><td>产品代码</td><td>规格参数</td><td>单位</td><td>数量</td><td>备注</td></tr>
<tr><td>1</td><td></td><td></td><td></td><td></td><td></td><td></td></tr>
<tr><td>2</td><td></td><td></td><td></td><td></td><td></td><td></td></tr>
<tr><td>3</td><td></td><td></td><td></td><td></td><td></td><td></td></tr>
<tr><td>4</td><td></td><td></td><td></td><td></td><td></td><td></td></tr>
<tr><td>5</td><td></td><td></td><td></td><td></td><td></td><td></td></tr>
<tr><td>6</td><td></td><td></td><td></td><td></td><td></td><td></td></tr>
<tr><td>7</td><td></td><td></td><td></td><td></td><td></td><td></td></tr>
<tr><td>8</td><td></td><td></td><td></td><td></td><td></td><td></td></tr>
<tr><td>9</td><td></td><td></td><td></td><td></td><td></td><td></td></tr>
<tr><td colspan="2">付款方式</td><td></td><td>是否付款</td><td colspan="3"></td></tr>
<tr><td colspan="2">备注说明</td><td colspan="5"></td></tr>
<tr><td colspan="7">单位会签</td></tr>
<tr><td colspan="2">（副）总经理</td><td colspan="2">财务部</td><td colspan="3">业务部</td></tr>
<tr><td colspan="2"></td><td colspan="2"></td><td colspan="3"></td></tr>
</table>

（3）委托外单位加工出库凭证。企业在生产过程中，由于加工能力和工艺设备条件的限制，往往需要把一些材料送外单位委托加工。仓库凭“委托外部加工发料单”发货（见表 6—8）。

表 6—8　　　××××厂委托外部加工发料单

委托加工单位：　　　　20　年　月　日　　　　编号：

<table>
<tr><td rowspan="2">材料编号</td><td rowspan="2">材料名称及规格</td><td rowspan="2">数量</td><td rowspan="2">单位</td><td colspan="2">材料成本</td></tr>
<tr><td>单价</td><td>总价</td></tr>
<tr><td></td><td></td><td></td><td></td><td></td><td></td></tr>
<tr><td></td><td></td><td></td><td></td><td></td><td></td></tr>
<tr><td></td><td></td><td></td><td></td><td></td><td></td></tr>
<tr><td></td><td></td><td></td><td></td><td></td><td></td></tr>
<tr><td></td><td></td><td></td><td></td><td></td><td></td></tr>
<tr><td>加工要求</td><td></td><td>应完成日期</td><td></td><td>备注</td><td></td></tr>
<tr><td>委托经办人</td><td></td><td>发货人</td><td></td><td>发货日期</td><td></td></tr>
</table>

2. 商品出库凭证审核要求

商品出库必须以业务单位开具的正式出库凭证为依据（基层企业一般由仓库兼办调拨凭证）。仓库接到商品出库凭证后，首先由保管会计（无保管会计的由保管员）认真审查出库凭证上所列发货仓库名称、提单联字样有无错误，印鉴是否齐全，商品品名、规格、等级、型号、单价等是否与库存商品相符；凭证字迹是否清楚，有无涂改现象，提货日期是否逾期等。由仓库兼办开票的应注意审查购货单位的介绍信和采购合同有无伪造涂改，所开品种、数量与合同是否相符。审查无误，即可组织商品出库。如发现出库凭证有问题，必须经原开证单位重开或更正盖章方为有效。“白条”和手续不符的，仓库要拒绝发货。但遇到救灾抢险等特殊情况，经领导批准，也可以先发货，后补办手续。

审核出库凭证的要求可概括为以下三点：

（1）审核出库凭证的合法性和真实性。

（2）核对商品品名、型号、规格、单价、数量。

（3）核对收货单位、到站、银行账号。如属自提商品，还须检查有无财务部门准许发货的签章。

三、备料配货

1. 备料要求

备料要按“商品出库凭证”所列项目进行，不得随意变更。出库商品应附有质量证明书或抄件、磅码单、装箱单等。机电设备等配件产品，其说明书及合格证应随货同行。

备料时要按号找位，据单配货。仓库保管工接到会计批注的商品出库凭证，应根据会计审查的项目，重复审查一次；按凭证所列的品名、规格、等级、型号等与保管卡片上的库存实物逐一核对；如系拆零商品可从货架上取出来逐一核对。经审核单证和实物相符，即可先核销保管卡片上的存量，然后按照先进库的先出、有效期在前的先出原则进行配货。货物配齐后，应立即进行复核。

2. **备料方法**

（1）拆箱拆捆备料。一般是指领料量较小或领料、发运量大，但品种多样需拆零配货的发货业务，应拆箱拆捆来备货。属于拆箱拆捆备料的商品，保管员自己或交专职包装人员、包装小组组织备货装箱。对于零货包装时，要注意防止错装、混装（性质相互矛盾的商品不能混装在一起，运价高低悬殊的商品不宜混装在一个箱里）。无论是分装、改装或拼装的商品，装箱人都要按规定填制装箱单放于箱内，以便收货方验收。在装箱单上要填明所装商品品名、牌号、规格、数量和装箱日期，并由装箱人签字或盖章，以示负责。

（2）原箱原捆备料。一般是指仓库出库商品量或购销发运量较大的发货业务，不需拆箱拆捆，数量品种搭配只需按整箱整捆备齐发货量就可发运。

（3）原桩原货垛备料。一般是指领货方所需发货量是整批数、品种单一，保管员可在货物原堆桩原货垛处，按领料单（或发运单）所需品名、数量（原箱原件）点齐，并在原货垛上标出发货量记号，待领货方凭领货凭证来取货时，保管员在原货垛处只需按事先标定的数量记号将商品发放（点交）完毕即可，不需事先翻桩和另行安排待运场地。这种方法较简便，节省人力、物力，也有利于提高劳动效率。

3. **拣货**

拣货通常有按订单拣取、批量拣取及复合拣取三种方式。

（1）按订单拣取。按订单拣取又称“摘果式”或“人到货前式”拣取。

按订单拣取是针对每一份订单，分拣人员按照订单所列货物及数量，将货物从储存区域或分拣区域拣取出来，然后集中在一起的拣货方式。按订单拣取作业方法简单，接到订单即可拣货，作业前置时间短，作业人员责任明确。但货物品项较多时，拣货行走路径加长，拣取效率较低。订单别拣取适合订单大小差异较大、订单数量变化频繁、货物差异较大的情况。

（2）批量拣取。批量拣取又称为“分货式”或“播种式”拣取。

批量拣取是将多张订单集合成一批，按照货物品种类别加总后再进行拣货，然后再依据不同客户或不同订单对货物进行分类集中的拣货方式。批量拣取可以缩短拣取货物时的行走时间，增加单位时间的拣货量。同时，由于需要订单累计到一定数量时，才做一次性处理，因此，会有停滞时间产生。批量拣取适合订单变化较小、订单数量稳定的配送中心和外形较规则、固定的货物出货，如箱装、扁袋装的货物。进行流通加工的货物也适合批量拣取，再批量进行加工，然后分类配送，有利于提高拣货及加工效率。

（3）复合拣取。复合拣取是将按订单拣取和批量拣取组合起来的拣货方式，即根据订单的品种、数量及出库频率，确定哪些订单适应于按单拣取，哪些订单适应于批量拣取，然后分别采取不同的拣货方式。

四、复核

备料配货后应立即进行复核。商品出库复核是指商品在出库作业过程中的各个工序，以商品出库凭证为依据进行的反复核对。

1. 复核的目的

通过复核，做到出库商品数量准确、质量完好、包装完善，杜绝差错事故。商品出库复核，是仓储业务管理“把三关”的最后一关，也是出库业务管理的重点。做好出库复核工作的意义有：

（1）可以防止错发货，保证出库的商品质量和数量，有利于要货单位及时供应市场，满足消费需求及组织生产。

（2）可以避免差错事故，有利于节约人力、物力和财力，降低流通费用。

（3）可以保证商品安全到达收货单位，降低商品损耗，提高经济效益。

2. 复核的方式

商品出库复核方式，要根据仓库规模、商品性质、技术设备状况以及人员编制等具体情况而决定。

商品出库复核方式主要有下列三种：

（1）个人复核。个人复核是指仓库保管工自己发货、自己复核。这种复核方式，适用于专业化程度高、存储品种比较单一（如棉麻仓库、轮胎仓库等）、同一品种发货批量较大而人员编制较少的仓库。但对于综合性仓库，因储存品种繁多、发货数量零星，就不宜采用这种方式。

（2）相互复核。相互复核是指两个人相互配合，分工协作，一人根据商品出库凭证配货，另一人再进行复核。这种复核方式，比自己发货、自己复核容易发现问题，纠正差错。因此，它最适用于出库业务繁多、商品品种零星的仓库。

（3）环环复核。环环复核是指商品在出库作业中的各个环节都要根据单证和商品进行反复的核对。这种复核方式，一般适用于分工比较细、作业流水线长的大型现代化仓库。对于那些有加工整理、拼装、换装和改装、分装业务的仓库尤为必要。因每个作业环节都进行核对，可以提高复核质量，减少差错，避免损失事故。

3. 复核的内容

复核的内容包括：品名、型号、规格、数量、单价等是否与商品出库凭证（领料单、发货单或商品调拨单等）一致，配套是否齐全，技术证件是否齐备，外观质量和包装是否完好等。

商品出库复核内容要着重关注以下三方面：

（1）单据复核。单据复核是指审查商品出库凭证的真实性（有无伪造）、合法性（是否合乎法定手续）和完整性（单证项目填写是否齐全）。其主要内容包括：

1）印鉴是否真实、齐全、相符；

2）凭证有无涂改、过期；

3）字迹是否清楚；

4）凭证中各栏项目填写是否正确、完整等。复核计重商品的磅码单或附属单证，重点是检查计算数字有无差错。如发现多算、少算或错算，应立即核正，并按核正数将实物扣除或补足。

（2）实物复核。实物复核是根据商品出库凭证上所列项目对所发实物的品种、规格、牌号、单位、数量、包装和质量等进行核对，做到单货相符，不出差错。

（3）账、货结存的复核。保管员根据商品出库凭证配货，从货垛、货架上取货以后，应立即核对该垛（架）商品的结存数；同时，检查商品的数量、规格等与账务员（商品会计）在出库凭证上批注的账面结存数是否相符，并要核对商品的货位、货卡有无问题，以便做到账、货、卡相符。

4. 复核签章

不论复核实物或单证，复核后保管员和复核员应在单证上签章，以明确责任。

五、包装

商品包装简称“包装”，它有双重含义：一是指盛装商品的容器及其他包装用品，即“包装物”；二是指把商品盛装或包扎的活动（操作过程），包括包装技术、包装方法。概言之，所谓包装，即为在运输、储存、销售过程中保护产品，以及为了识别、销售和方便使用，用特定的容器、材料及辅助物等进行包裹而防止外来因素损坏内装物的总称。

1. 包装的作用

商品包装是实现商品流通的重要条件。一个商品一般要经历生产、流通和销售三个领域，随后转移到消费者手中。在整个转移过程中，包装有其特殊的“四大作用”：①保护商品；②便利流通；③促进销售；④方便消费。

2. 出库商品的包装要求

对包装的一般要求是：科学、经济、牢固、美观、适用。搞好商品包装，可以达到维护商品质量，减少商品损失，便于装运，提高仓容利用，便于计量，美化商品，指导消费，提高零售业劳动效率的目的。

现代商品包装强调标准化，要求做到统一材料、统一规格、统一容量、统一标志和统一封装方法。一些标准化程度较高的国家，建航运码头、各类仓库，制造各种货车、货船以及装卸、搬运机械都考虑包装标准化的要求，并实现“一体化”。

对仓库中需要发运的商品（货物）应进行包装，且包装应符合下列要求：

（1）根据商品外形特点，选用适宜的包装材料，其重量和尺寸应便于装卸和搬运。

（2）包装要符合运输要求，牢固、稳固、垫紧、垫防潮纸和衬垫物，外部有明显标志。

（3）严禁互相影响或性能互相抵触的商品混合包装。

（4）要充分利用包装的容积，节约包装材料。

（5）包装后，要写明收货单位、到站、发货号、本批总件数、发货单位等。

六、刷唛

出库商品属于调拨供应发往外地的货物，需配合运输人员刷好唛头标志，集中到理货组调配场所待运。“唛头”是指由各种图形配以代用的简明文字组成，作为发货人向收货人表示该批货物的特定记号。

商品包装待运时，需在包装外部刷唛、印刷、粘贴或书写商品标志，其内容主要有商品名称、规格等级、重量、体积、收货单位、发货单位，指示装卸、搬运、存放注意事项，图案和特定的代号。

七、点交

出库商品无论是要货单位自提，还是交通运输部门发运，仓库发货人必须向提货人员或发运人员点交商品。应按出库凭证逐笔向货主当面点交。交清后，仓库交货人随即在出库凭证上加盖“商品付讫”日戳，同时给接货人开具商品（货物）出门证，以便门卫放行。

八、填单、登账

点交后，保管员应在出库单上填写“实发数”“发货日期”等内容并签名，然后将与出库单有关联的证件资料及时交给货主，以便货主办理货款结算。保管员再根据留存的一联出库凭证记录实物保管明细账，建立盈余商品账，以备查用。

九、清理

1. 现场清理

现场清理包括清理库存商品、库房、场地、设备和工具等。

2. 清理档案

清理档案是指对收发、保养、盈亏数量和垛位安排等情况进行分析。

上述一系列商品出库程序中，应当重点抓住“复核”和“点交”两个环节。“复核”是防止差错的重要和必不可少的措施，“点交”是划清仓库和提货方两者责任的必要手段。

技能要求

拣货作业

操作准备：

(1) 在仓库或模拟仓库货架上设置 A、B、C、D 四种商品库存，各为 35 只。

(2) 配置拣货容器。

(3) 出库指令，见下表。

出库清单

客户名称	需求品种及数量			
	A	B	C	D
甲	6	2	8	4
乙	5	3	7	5
丙	4	4	6	6
丁	3	5	5	7
戊	2	6	4	8
合计	20	20	30	30

操作步骤：

步骤 1　根据出库清单，用摘果式拣货。

步骤 2　根据出库清单，用播种式拣货。

步骤 3　说明哪种方式为最佳。

注意事项：

操作者应计算采用两种不同拣货方式作业所需要的时间，时间短的为最佳。

模拟测试题

一、判断题（将判断结果填入括号中。正确的填“√”，错误的填“×”）

1. 仓库的任务就是搞好分发货工作。（　　）

2. 仓库商品出库发货业务的主要任务是：将所发放的商品必须准确、及时、保质保量地发给收货单位。（　　）

3. 商品出库要求应做到“三不”“三核”“五检查”，其中“三核”是指核对凭证、核对账卡、核对实物。（　　）

4. 商品出库要求应做到“三不”“三核”“五检查”，其中“五检查”是指对单据和实物要进行品名检查、规格检查、数量检查、质量检查、发货地点检查。（　　）

5. 审核出库凭证的要求是核对商品品名、型号、规格、单价、数量和凭证的编号。（　　）

6. 商品出库的单证复核，主要是审查该凭证的真实性、合法性和完整性。（　　）

7. 商品出库复核内容着重关注的三方面是：单据复核、实物复核、账货结存复核。（　　）

8. 商品出库对实物复核主要是收货单位、发往地点的复核。（　　）

9. 商品出库账、货结存复核主要是按出库凭证配货，并核对商品的货位、货卡有无问题，做到账、货、卡相符。（　　）

10. 出库方式有托运、配送、自提。（　　）

二、单项选择题（下列选项中只有一个正确的答案，请将相应的字母填入题内的括号中）

1. 商品出库要求做到：未接单据不翻账，未经审单不备货，未经复核不出库，这是指（　　）出库要求。

A. “三不”　　B. “三核”　　C. “五检查”　　D. “五落实”

2. 商品出库要求做到：在发货时，要核对凭证、核对账卡、核对实物，这是指（　　）出库要求。

A. “三不”　　B. “三核”　　C. “五检查”　　D. “五落实”

3. 下列属于出库方式的是（　　）。

A. 用户自提、送货到用户、代提代运　　B. 托运、配送、自提

C. 送货、代提代运、仓库发货　　D. 先进先出、动态出库、代提代运

4. 仓库保管工要根据不同的商品出库方式特点来搞好出库发货工作。由购货单位派人持业务部门开的发货凭证，并自备运输工具来库取货是属于（　　）形式。

A. 自提出库　　B. 送货出库　　C. 代运出库　　D. 仓库发货

5. 商品出库由仓库根据业务部门预先送来的发货凭证备齐商品，交承运部门将商品发送给收货单位是属于（　　）形式。

A. 自提出库　　B. 送货出库　　C. 代运出库　　D. 仓库发货

6. 商品出库复核方式，要根据仓库规模、商品性质、仓储技术、设备状况等情况决定，出库复核方式主要有（　　）。

A. 个人复核与相互复核　　B. 个人复核

C. 两人相互复核　　D. 领导复核

7. 由各种图形配以代用的简明文字组成，作为发货人向收货人表示该批货物的特定记号，仓库称此为（　　）。

A. 收发货地点、单位标志　　B. 重量、体积标志

C. "唛头"　　D. 单位标志、重量、体积标志

8. 下列属于出库的凭证是（　　）。

A. 定额领料单、内部调拨单、领料单等

B. 装箱单、码单、送货单

C. 质保书、调拨单、送货单

D. 码单、调拨单、送货单

9. 整批备料适合（　　）。

A. 整批入库整批出库的商品　　B. 零星入库整箱出库的商品

C. 整批入库零星出库的商品　　D. 零星入库零星出库的商品

10. 拆箱拆捆备料适合（　　）。

A. 整批入库整批出库的商品　　B. 零星入库整箱出库的商品

C. 整箱入库零星出库的商品　　D. 整批入库零星出库的商品

模拟测试题答案

一、判断题

1. ×　2. √　3. √　4. ×　5. ×　6. √　7. √　8. ×　9. √

10. ×

二、单项选择题

1. A 2. B 3. A 4. A 5. B 6. A 7. C 8. A 9. A
10. C

第 7 章

仓库安全工作

第 1 节　搞好仓库安全工作的重要性和要求

仓库的安全工作主要包括仓库设施设备、仓储商品等物资的安全管理工作及仓库保管人员的人身安全两大方面。仓库不安全的因素很多，如火灾、水灾、爆炸、盗窃、破坏等，此外，还有放射性物品、腐蚀性物品、有毒物品都会造成对仓库管理人员人身安全的威胁。所有这些不安全的因素，我们只有努力克服和预防，才能保证仓库的安全，也才能使仓库的生产活动得以正常进行。仓库的安全工作是仓库其他一切管理工作的基础和前提，具有十分重要的意义。

学习目标

➢了解仓库安全工作的意义和要求

知识要求

一、仓库安全管理的重要性

生产与安全，是一个整体的两个方面，即生产必须安全，安全为了生产。安全对于仓库来说具有特殊的重要意义，因为仓库是商品重要的集散地，也是储藏和保管商品的场所，其价值和使用价值均很高。一旦发生火灾或爆炸等严重的灾害，不仅仓库的一切设施被损毁，而且客户存放在仓库中的所有商品也全部变成一堆废品，其损失之大，远远超过一般厂房的火灾。因此，仓库的安全工作应该置于一切管理工作的首位，必须警钟长鸣，做好一切防范工作。

在仓库的安全工作中，造成不安全的因素主要有两大类：一类是由管理人员认识上的局限性造成的，如对某些化学物品、危险品、易燃品、腐蚀品的性质不了解，对某些商品储存的规律没掌握，以至于发生事故；另一类是管理人员素质不高引起的，如有的仓库管理人员失职，某些管理人员值夜班睡大觉，也有的管理人员贪图小利而出卖仓库利益，还有个别仓库领导官僚主义严重等。对于第一类因素克服的方法是，加强对仓库保管人员的培训，让上岗的每一位保管人员都能较全面地掌握各类商品的特性及储存、保管的方法。对于第二类因素克服的方法是，努力提高仓库管理人员的素质，增强仓库管理人员的道德素养和工作责任感。对于道德败坏、错误性质严重的个别管理人员及仓库领导，则应该采取必要的措施，如下岗、解除劳动合同，造成重大责任事故的要追究法律责任。总之，必须杜绝一切不安全的因素，确保仓库的安全生产。

二、仓库安全的要求

1. 为了确保仓库人、财、物的安全，必须建立健全消防、保卫、保密、安全操作等制度，并设专人负责。

2. 应建立各项安全制度和相应的执行、监督机制，组织日常检查、定期检查、节假日重点检查等，真正把各项安全制度落到实处。

3. 仓库必须培养一支消防队伍，设立专职或兼职的消防人员，仓库领导中应有人分管消防工作，配备相关的消防设备，并确定专人负责。

4. 仓库应严格管理各类火种、火源、电源、水源等，严禁将各类火种及易燃品带入仓库。储货区与生活区应该严格隔离，储货区内不允许家属居住。

5. 仓库应建立警卫值班和干部值宿制度。重要的仓库、危险品仓库还须配备武装警卫人员。仓库应组织巡逻和夜间值班，严防偷窃和破坏。门卫要加强对进出仓库的车辆、人员及商品的检查，凭进出仓库的有效凭证放行，并做好登记工作。

6. 仓库中装卸、搬运、堆垛及各种机械设备操作时，必须严格遵守操作程序和规则，防止各类工伤事故的发生。

7. 仓储商品的品名、数量、规格、种类等，仓库管理人员必须严格保密。

第 2 节　仓库安全工作的基本内容

学习目标

➢了解仓库安全工作的基本内容

➢掌握仓库防火与灭火知识

知识要求

仓库的安全工作归纳起来可以分为三大类：仓库的警卫和保卫工作，主要负责仓库的治安、保卫、警卫工作；仓库的消防工作，主要承担仓库的防火、灭火工作；仓库的安全作业，主要包括仓库保管工在进出仓库及储存、保管商品作业过程中的安全技术操作工作。

一、仓库的保卫和警卫工作

仓库的治安保卫工作必须得到领导的重视和支持，确定专门领导负责此项工作，建立健全警卫保卫制度，并建立相应的保卫组织和专职的警卫守卫队伍，同时组建由库内人员及周围单位和居民群众参加的、群众性的治安保卫组织。由这三种组织形成的仓库安全网络，将对仓库的治安保卫工作产生很重要的影响。

1. 保卫工作

仓库的保卫工作承担着整个仓库人、财、物安全保卫的重任，不仅关系到仓库生产作业能否正常进行，而且直接关系到仓库工作人员的生命和财产安全，还关系到社会再生产能否顺利进行，因此，仓库必须加强安全保卫工作。

仓库保卫组织的形式、大小，应根据仓库的规模、性质、仓储作业特点而定。一般情况下，仓库都设有保卫机构，如保卫科、保卫股，或设有专职或兼职的保卫干部、保卫人员。保卫机构应在仓库党政领导下进行工作，业务上受上级保卫部门和公安机关的双重领导。

仓库保卫机构工作的主要任务是：

（1）对本仓库的商品、设施、人员的安全负全面的责任，消除各种不安全的隐患，确保仓库的安全。

（2）负责开展法制教育、遵章守纪教育、安全生产教育、交通法规教育及安全行车教育等。

（3）全面做好防火、防爆、防盗、防毒等工作。

（4）负责对所有的安全员进行检查、考评。

（5）负责调查和处理各类行车和仓库作业工伤事故。

（6）会同有关部门做好职业病的防治和有毒、有害物质的劳动保护工作。

（7）配合消防干部进行消防训练和消防安全竞赛。

（8）负责特种作业人员安全技术培训、考核，负责警卫、护卫人员的管理及业务指导。

（9）全面落实防台风、防汛、防暑降温、防寒防冻等工作。

（10）积极完成上级领导和公安机关交办的各项治安保卫任务。

仓库除设立专职的保卫部门外，还可建立治安保卫委员会和治安保卫小组。这种群众性的治安保卫组织，应由仓库领导参加，也应邀请库内、库外的群众参加。群众性治安组织的任务是：对仓库的全体员工和邻近居民进行治安宣传教育；组织制定群众治安保卫公约，并监督执行；加强与邻近公安机关、乡政府、街道、单位的联系，团结左邻右舍，取得各方面的密切配合，一起搞好仓库的治安保卫工作。群众性治安组织的成员应明确分工，明确各自的职责，定期举行会议，共同研究，群策群力，一起完成仓库治安保卫的任务。

2. 警卫工作

仓库的警卫工作，主要是负责仓库日常的警戒和保卫，即守仓和护仓的工作。其主要任务是：日夜轮流守卫仓库，防止坏人盗窃和破坏；掌握进出库人员的情况，做好警卫和登记工作，阻止闲人入库；守护仓库大门，严禁火种、易燃、易爆等危险品被带入仓库；核对出库凭证，检查出库商品与出库凭证是否相符；同时，当仓库发生各种灾难时，负责仓库的保卫、警卫工作。

负责仓库警卫工作的人员一般有两类：一类是守护员，或称为护仓员、卡口人员，属仓库负责人直接领导，通常为专职人员；另一类是警卫人员，即经济警察，属于仓库和公安部门双重领导，常配备一定的武器。在大型仓库和特种仓库，一般均设有警卫员、警卫班，甚至警卫中队。仓库的警卫人员应充分发挥护仓保库的重要作用，坚守岗位，认真做好以下工作，贯彻警卫文明岗的规范。

（1）分段负责，确保仓库安全。仓库分管安全的负责人可根据整个仓库的地理位置、地形、地貌及分布情况，分区分段，划定值勤岗哨和巡逻范围，分段负责，以确保整个仓库的安全。在划定区域内，守护员和警卫人员要负担起仓库该区域的安全。在非工作时间，尤其是在夜间，值班的警卫人员要严格把守住仓库的大门，未经仓库负责人批准（如夜间加班作业等），一律不准擅自进入仓库。

（2）严格遵守警卫制度。仓库警卫人员必须严格遵守仓库的警卫制度，坚守岗位。专职仓库警卫员应驻守仓库，工作时间不得随意离开仓库，即使有事外出也应请假，得到准许后方可外出，并且必须按时返库，以确保仓库警卫岗位始终有专职警卫人员守护。为保证警卫人员的休息，可设立专供警卫人员休息的寝室，并可采用三班制轮休的制度。

（3）熟悉周边情况，做到心中有数。仓库警卫人员不仅应对仓库中的人员及设备、商品储存情况了如指掌，而且还应与仓库周边的单位、居委会及当地公安部门建立经常的联系制度，熟悉四周的人员情况及动态，以利于仓库的保卫、警卫工作。

（4）加强学习，提高素质。仓库的警卫人员应努力加强政治学习，提高警惕性、组织性和纪律性，提高自身的政治素质。同时，仓库的警卫人员还应努力加强业务学习，可以邀请当地的公安部门有关人员来库讲授警卫的专业知识和进行有关的军事训练。

（5）严格遵守警卫文明岗位规范

1）警卫人员当班必须着装整齐、仪容整洁、统一标志、坚守岗位；

2）警卫人员当班必须热情服务、礼貌待人、举止文明、语言规范；

3）警卫人员实行文明站立执勤，及时指挥车辆、人员的进出，保持仓库通道畅通、场地停车整齐；

4）外来人员、车辆进出库均要进行登记，商品出库应凭“商品出库凭证”方可放行；

5）对登记记录及“商品出库凭证”应完整保存，规范装订，及时归档；

6）当班执勤时，要按规定定时进行巡逻检查，巡检情况应详细记录在案；

7）警卫人员应按规定做好交接班，若下一班的接班人员因故未到，当班的警卫人员不得离岗，应与有关领导联系，等接班人员到达后，方可离开，并按规定做好交接班记录；

8）警卫人员须熟悉防火防盗等有关的业务知识，能熟练使用仓库内各种灭火器材，熟悉和了解仓库处置各类突发事件的应急预案，必要时能妥善应急处理；

9）警卫室干净、清洁，当班人员的生活用品（茶杯、面盆、毛巾等）应放置整齐，周围环境整洁有序；

10）警卫室不兼作其他场所，不放置无关物品，无关人员不得进入警卫室内闲谈聊天。

二、仓库防火与灭火

仓库集中储存着大量的商品，从仓库不安全的因素及危害程度来看，火灾造成的损失最大，它可以在极短的时间内，使整个仓库变成一片废墟。因此，仓库安全工作中的重中之重是防火灭火。仓库必须认真贯彻“预防为主，防消结合”的消防方针，坚决执行《消防法》和公安部制定的《仓库防火安全管理规则》。

1. 防火工作

仓库防火的工作要点是：首先，仓库的防火工作要依法办事，根据企业法人是第一责任人的规定，遵循“谁主管谁负责”的原则，成立防火灭火安全委员会（领导小组），全面负责仓库的消防安全工作。其次，建立以岗位责任制为中心的三级防火责任制，把防火安全工作具体落实到各级组织和责任人。再次，建立健全各工种的安全操作制度和安全操作规程，特别是各种用电设备的安全作业规程，经常进行安全教育，坚持落实职工考核合格持证上岗的制度。最后，定期开展防火灭火的消防安全检查，消除各种火灾隐患，落实各项消防措施，及时处理各类事故，切实做到“三不放过”。

防火工作的措施有以下七点：

（1）普及防火知识。坚持经常性的防火宣传教育，普及消防知识，不断提高全体仓库职工防火的警惕性，让每个职工都学会基本的防火灭火方法。

（2）遵守“建筑设计防火规范”。新建改建的仓库要严格遵照“建筑设计防火规范”的规定，不得擅自搭建违章建筑，也不得随意改变建筑物的使用性质。仓库的防火间距内不得堆放可燃物品，不得破坏建筑物内已有的消防安全设施、消防通道、安全门，疏散楼梯、走道要经常保持畅通。

（3）易燃、易爆危险品仓库必须符合防火防爆要求。凡是储存易燃、易爆危险品的仓库，进出的车辆和人员必须严禁烟火；储存危险品应专库专储，性能相抵触的商品必须严格分开储存和运输。专库须由专人管理，防止剧烈振动和撞击。易燃、易爆危险品仓库内，应选用不会产生电火花的防爆电器开关。

（4）电气设备应始终符合规范的要求。仓库中的电气设备不仅安装时要符合规定要求，而且要经常检查，一旦发现绝缘损坏要及时更换，不应超负荷，不应使用不合规格的保险装置。电气设备附近不能堆放可燃物品，工作结束应及时切断电源。

（5）明火作业须经消防部门批准，方可动火。若需电焊、气割、烘烤取暖、安装锅炉等，要有防火安全措施，并须经有关的消防部门批准，才能动火工作。

（6）配备适量的消防设备和火灾报警装置。根据仓库的规模、性质、特点，配备一定数量的防火灭火设备及火灾报警器，按防火灭火的要求，分别布置在明显和便于使用的地点，并定期进行维护和保养，使之始终保持完好状态。

（7）遇火警或爆炸应立即报警。如遇仓库发生火情或爆炸事故，必须立即向当地的公安消防部门报警。事故过后，应根据“三不放过”的原则，认真追查原因，严肃处理事故责任者，并以此教育广大职工。

2. 灭火方法

物质燃烧有三个必备条件：可燃物质、助燃物质和火源。三个条件必须同时具备，并相互结合、相互作用，燃烧才能发生。因此，防火灭火的基本原理和措施都是为了消除燃烧的这三个条件，如能消除其中的任何一个条件，就能有效地防止火灾的发生。常采用的灭火方法有隔离、窒息、冷却，即采用控制可燃物、隔绝空气、消除火源的方法来灭火。

引起火灾的火源很多，一般可以分为直接火源和间接火源两大类。

直接火源主要有三种：

（1）明火：指生产、生活用的炉火、电焊火及火柴、打火机的火焰、燃烧的香烟头等。

（2）电火花：指电气设备产生的电火花，它能使可燃物质起火。

（3）雷电：会在瞬间高压放电，从而引起可燃物质燃烧。

间接火源主要有两种：

（1）加热自燃起火：指棉布、纸张、草料等靠近电灯泡，木板、木器、塑料等靠近火炉、烟道，容易被烤焦起火。

(2) 商品本身自燃起火：指在既无明火，又无外来热源的条件下，商品因本身的性质而自行发热、燃烧起火。

常用的灭火方法是：冷却法、窒息法、隔离法。

常用的灭火器材主要有水、沙、灭火机等，还有消火栓、消防泵、消防车等。

在灭火的过程中要注意服从命令听指挥，听从库领导的安排，配合消防队员灭火；组织仓库职工警戒火场，保护现场，保护国家财产，防止坏人的破坏活动；注意安全，避免不必要的伤亡，如在扑灭电气设备火灾时，首先要切断电源，灭火时要防止房屋倒塌等意外事故的发生。

同时，仓库还应装有准确可靠的报警系统，一旦仓库中某处发生火情，报警装置能及时准确地报警，仓库保卫部门就能迅速报告消防队和通知全体仓库职工，以便及时组织扑救，避免火势的蔓延。

三、仓库安全作业

仓库安全作业，是指在商品进出仓库装卸、搬运、储存、保管过程中，为了防止和消除伤亡事故，保障职工安全和减轻繁重的体力劳动而采取的措施，它直接关系到职工的人身安全和生产安全，也关系到仓库的劳动生产率能否提高的重要问题，主要包括机器设备的安全操作、电气设备的安全技术、仓库工业卫生及劳动保护制度。

仓库安全作业必须由一名库领导负责，还应建立健全仓库作业各岗位的安全操作制度和规程及各级安全生产责任制，并建立相应的定期安全检查制度。安全检查的主要内容是：查思想、查隐患、查管理。

1. 查思想

首先，主要是查仓库、班组领导对安全作业的观念是否已建立并增强，全体职工安全第一的思想是否牢固；其次，是查领导对职工、设备、库存商品的安全是否关心，对安全生产的方针、政策、法规的贯彻是否坚决，对安全教育制度的执行是否坚决；最后，是查领导是否已把安全生产放到议事日程上来抓。

2. 查隐患

主要是深入仓库生产作业现场，检查生产工人操作的劳动条件是否符合作业规定，操作程序是否符合安全操作规程；各种机械设备和电气设备是否符合安全标准；商品堆码是否稳固，有无倒塌，是否符合作业要求；储油库、化工储罐、剧毒品、放射性商品、易燃易爆的商品是否严格管理等。

3. 查管理

主要检查仓库作业各岗位的安全操作制度和规程是否都已建立健全，贯彻落实的情况如何；劳动防护用品是否按规定发放、使用；各级安全生产责任制贯彻落实的情况如何；对仓库事故、伤亡报告、统计和处理是否按法规认真执行等。

安全检查的形式主要有以下五种：

(1) 定期全面的安全检查。一般在重大的节假日前，仓库领导均要组织有关人员进行一次全面的安全检查，如“五一国际劳动节”“国庆节”“春节”“元旦”等。

(2) 经常性安全检查。主要包括日查、周查、月查、季查等，一般均由各部门、各库房、班组、保管员、生产工人进行日常规范性的例行安全检查。

(3) 专业性安全检查。这种检查以专业部门为主，组织有专业知识的有关人员进行专门检查。检查的重点是，电气设备、机械设施、易燃易爆商品储存的作业环境，有毒、有放射性商品的安全作业等。

(4) 季节性安全检查。主要是根据各种季节特点进行的，如盛夏的防暑降温、梅雨季节的用电安全、严冬的防寒保暖、台风季节的防台防汛等。这种检查的特点是时间性强，需采取有针对性的措施，以便及时预防和控制事故的发生。

(5) 临时性安全检查。这种检查是在将要发生某种自然灾害之前，如洪水、雷电、冰雹、暴雨、强风、地震等，或自然灾害袭击之后，由上级领导部门或仓库领导组织的临时性的安全检查。

模拟测试题

一、判断题（将判断结果填入括号中。正确的填“√”，错误的填“×”）

1. 仓库不安全因素主要由自然灾害、管理人员认识上的局限、管理人员素质不高等因素造成的。（ ）

2. 仓库的警卫和保卫工作，主要负责仓库的治安、保卫、警卫工作。（ ）

3. 仓库的安全作业，主要是包括仓库保管工在进出仓库过程中的安全技术操作工作。（ ）

4. 仓库的治安保卫组织主要包括仓库的保卫组织、专职的警卫守卫组织、仓库保卫科、群众性的治安保卫组织。（ ）

5. 仓库的消防工作，主要承担仓库的灭火工作。（ ）

6. 存放易燃、易爆危险品的仓库，库内及进出库的车辆、人员必须严禁烟火。（ ）

7. 若需电焊、气割、烘烤等明火作业，必须经请消防部门批准，方可动火。（　　）

8. 常用的灭火方法是冷却法、窒息法、隔离法。（　　）

9. 引起火灾的直接火源主要有：明火、电火花、灯火、雷电。（　　）

10. 应对易燃、易爆商品储存的作业环境进行专业性安全检查。（　　）

二、单项选择题（下列选项中只有一个正确的答案，请将相应的字母填入题内的括号中）

1. 位于仓库一切管理工作首位的是（　　）。

A. 安全工作　B. 财务工作　C. 人事工作　D. 教育工作

2. 仓库的安全工作可以分为（　　）三大类。

A. 治安和警卫、消防、安全作业　B. 治安和保卫、消防、安全作业

C. 保卫和警卫、消防、安全作业　D. 保卫和警卫、灭火、安全作业

3. 下列属于仓库保卫机构工作主要任务的是（　　）。

A. 防热、防爆、防盗、防毒　B. 防火、防辐射、防盗、防毒

C. 防火、防爆、防噪声、防毒　D. 防火、防爆、防盗、防毒

4. 负责仓库警卫工作的人员一般有（　　）。

A. 保管员和经济警察　B. 门卫和经济警察

C. 守护员和经济警察　D. 守护员和保管员

5. 消防方针是（　　）。

A. 预防为主、防治结合　B. 预防为主、防消结合

C. 预防第一、消防第二　D. 消防第一、预防第二

6. 物质燃烧的三个必备条件是（　　）。

A. 可燃物、助燃物、火源　B. 可燃物、助燃物、温度

C. 可燃物、温度、火源　D. 温度、助燃物、火源

7. 生产、生活用的炉火、灯火、打火机的火焰和燃烧的香烟头属于（　　）。

A. 明火　B. 电火花　C. 闪电　D. 反应热

8. 引起火灾的间接火源主要有（　　）。

A. 明火　B. 电火花　C. 发热　D. 雷电

9. 安全检查的主要内容是（　　）。

A. 查领导、查隐患、查管理　B. 查思想、查领导、查管理

C. 查思想、查隐患、查领导　D. 查思想、查隐患、查管理

10. 盛夏防暑降温的用电检查，属于（　　）安全检查。

A. 经常性　B. 专业性　C. 季节性　D. 临时性

模拟测试题答案

一、判断题

1. × 2. √ 3. × 4. × 5. × 6. √ 7. √ 8. √ 9. ×
10. √

二、单项选择题

1. A 2. C 3. D 4. C 5. B 6. A 7. A 8. C 9. D
10. C

仓库保管工（五级）知识考核模拟试卷

考试时间：90 min

一、判断题（将判断结果填入括号中。正确的填“√”，错误的填“×”。每题0.5分，满分30分）

1. 储存是在商品经济中出现的。（　　）
2. 商品储存是社会在生产中不可缺少的重要环节，因此，商品储存越多越好。（　　）
3. 商品流通就是商品所有权的转移。（　　）
4. 仓储管理的基本任务就是搞好商品保管。（　　）
5. 商品储存在保证供应的前提下越多越好。（　　）
6. 生产与消费的时间差异表现之一为生产的单一性和消费的多样性。（　　）
7. 商品的合理储存可以规避需求变化、价格上涨带来的生产经营风险。（　　）
8. 仓库是指用于装卸和储存物品的场所。（　　）
9. 仓库是伴随着储存的出现而形成的。（　　）
10. 现代化的仓储概念是账、卡、物三相符。（　　）
11. 入库验收直接影响到货物的数量准确和质量完好，因此，入库验收是仓储管理的关键。（　　）
12. 商品检查与盘点属于仓储业务的三个阶段中的保管保养阶段。（　　）
13. 受气候条件影响大的货物一般应储存在库房中，应严密苫盖。（　　）
14. 受气候条件影响小的货物一般可以存放在货场，但必须苫盖。（　　）
15. 生产企业的原材料、零部件等的仓库是国家储备仓库。（　　）
16. 大型钢材、水泥制品可以放在露天货场堆放。（　　）
17. 生产领域仓库包括企业原材料仓库、零部件仓库。（　　）
18. 成品一般包装较好，无须特别养护，所以按生产日期和批次储存、按先进先放的要求较低。（　　）
19. 半机械化仓库一般储存大批量进库，零星出库的货物。（　　）
20. 仓库组织机构设置的原则是集中统一原则，协调性和制约性原则，精简、高效、

优质的原则。（ ）

21. 个人负责制的优点是效率高、人员精简和规范化。（ ）

22. 质保书、说明书和合格证属于验收凭证。（ ）

23. 搞好入库验收，确保入库商品数量准确和质量完好这一项工作包括仓库合理规划。（ ）

24. 验收应以承运人的送货单为依据。（ ）

25. 采购订单、合同和入库通知单（入库单）属于验收依据。（ ）

26. 为加快验收速度，应采用理论换算的验收方法。（ ）

27. 把好入库验收关，是搞好仓储管理的基础。（ ）

28. 先付款后到货，一般按实际验收结果结算。（ ）

29. 货物状态卡，是用于制造企业表明物料所处业务状态或阶段的标志。（ ）

30. 待处理和待检标志属于储存卡。（ ）

31. 只要性质无互相影响，一般商品可以储存在一起。（ ）

32. 只要消防方法一致的货物可以储存在一处。（ ）

33. 仓库的储存能力主要取决于仓库的面积。（ ）

34. 有效面积是影响仓库的储存能力的因素之一。（ ）

35. 地坪承压能力是确定实重货物可堆层数的主要依据。（ ）

36. 可用高度主要取决于货物的高度。（ ）

37. 为节约仓库面积，应尽量减少走道、墙距、柱距的宽度，甚至墙距可以取消。（ ）

38. 墙距指货物货垛或货架与库房内墙壁之间的距离，其作用之一就是消防通道。（ ）

39. 走道是人工和机械装卸搬运的作业通道，其宽度是由仓库作业方式来确定的。（ ）

40. 垛距是货垛与货架之间的必要距离。（ ）

41. 合理损耗是指仓库商品自然损耗和少量短缺。（ ）

42. 对损耗在允许范围内的情况应作报盈亏处理。（ ）

43. 商品养护学是一门综合性的应用技术科学。（ ）

44. 商品养护的目的在于维护商品的质量，保护商品的使用价值。（ ）

45. 商品养护的工作方针是以防为主。（ ）

46. 化学变化常见的表现形式有商品的挥发、溶化、熔化、渗漏、风化。（ ）

47. 大五金商品可以露天存放而不怕高温，是因为具有良好的导热性。（ ）

48. 一年之中，最高气温通常在 7—8 月。（　　）

49. 在秋、冬季节，晚上库温通常高于库外气温。（　　）

50. 当绝对湿度不变时，温度越高，相对湿度越小。（　　）

51. 贯彻“先进先出”原则就是让先进仓库的商品先出库，至于商品有无接近失效期则是次要的。（　　）

52. 商品出库凭证和手续必须符合要求，必须以供应部门开出的领料单或提货单为依据，但有时因生产或经营上急需，由领货人开出签字的借条也可发货。（　　）

53. 商品出库的单证复核，主要是审查该凭证的真实性、合法性和完整性。（　　）

54. 商品出库账、货结存复核主要是按出库凭证配货，并核对商品的货位、货卡有无问题，做到账、货、卡三相符。（　　）

55. 商品出库必须符合运输要求，性质互有影响的货物不得混装。（　　）

56. 若需电焊、气割、烘烤等明火作业，必须经消防部门批准，方可动火。（　　）

57. 易燃、易爆危险品仓库，库内及进出库的车辆、人员必须严禁烟火。（　　）

58. 仓库发生火灾，应马上组织仓库人员灭火即可。（　　）

59. 可燃物、助燃物和火源只要具备一个条件就可导致火灾。（　　）

60. 雷击是导致火灾的间接火源。（　　）

二、单项选择题（下列选项中只有一个正确的答案，请将相应的字母填入题内的括号中。每题 1 分，满分 70 分）

1. 原始储存的目的是（　　）。

A. 克服生产与消费的时间差异　　B. 确保社会分工的顺利进行

C. 防止自然灾害和战争　　D. 维护产品的使用价值

2. 商品流通商流环节包括（　　）。

A. 采购、运输　　B. 采购、销售　　C. 运输、储存　　D. 运输、销售

3. 商品流通物流环节包括（　　）。

A. 采购、运输　　B. 采购、销售　　C. 运输、储存　　D. 运输、销售

4. 仓库是（　　）。

A. 库房建筑　　B. 储存和保管物品的场所

C. 物流中心　　D. 配送中心

5. 关于库存问题正确的表述是（　　）。

A. 库存越多越保险　　B. 库存越少越好

C. 零库存是最先进的　　D. 应建立合理的库存

6. 保管保养阶段是（　　）。

A. 仓储管理的关键　　B. 仓储管理的中心

C. 仓储管理的基础　　D. 仓储管理的重点

7. 入库阶段是（　　）。

A. 仓储管理的关键　　B. 仓储管理的中心

C. 仓储管理的基础　　D. 仓储管理的重点

8. 出库阶段是（　　）。

A. 仓储管理的关键　　B. 仓储管理的中心

C. 仓储管理的基础　　D. 仓储管理的重点

9. 适合小型仓库的仓储组织形式是（　　）。

A. 小组负责制　　B. 专业分工制　　C. 直线制　　D. 个人负责制

10. 体积大、笨重的货物应储存在（　　）。

A. 人力仓库　　B. 半机械化仓库　　C. 机械化仓库　　D. 自动化仓库

11. 备品备件、办公用品、劳防用品应储存在（　　）。

A. 人力仓库　　B. 半机械化仓库　　C. 机械化仓库　　D. 自动化仓库

12. 整批进库、整批出库的商品最适合储存在（　　）。

A. 人力仓库　　B. 半机械化仓库　　C. 半自动化仓库　　D. 自动化仓库

13. 商品入库交接是接货人员与（　　）交接。

A. 承运人　　B. 收货人　　C. 货主　　D. 客户

14. 入库交接时出现的货损货差交涉对象是（　　）。

A. 供应商　　B. 送货人　　C. 客户　　D. 中间商

15. 入库验收时出现的货损货差交涉对象是（　　）。

A. 供应商　　B. 送货人　　C. 客户　　D. 中间商

16. 属于验收依据是（　）。

A. 订单　　B. 送货单　　C. 领料单　　D. 装箱单

17. 属于验收凭证是（　　）。

A. 订单　　B. 合同　　C. 入库通知单　　D. 质保书

18. 不属于验收凭证是（　　）。

A. 质保书　　B. 码单　　C. 领料单　　D. 装箱单

19. 点件法适合（　　）。

A. 定量包装的计重商品　　B. 定量包装的计件商品

C. 非定量包装的计件商品　　D. 定量、标码的计重商品

20. 检斤换算法适合（　　）。

A. 定量包装的计重商品　　B. 产品与包装标准的计件商品

C. 非定量包装的计件商品　　D. 定量、标码的计重商品

21. 检斤验收法适合（　　）。

A. 非定量包装的计重商品　　B. 产品与包装标准的计件商品

C. 非定量包装的计件商品　　D. 定量、定尺的计重商品

22. 检斤验收法的操作包括以下四个步骤（　　）。

A. 打捆、编号、过磅和填制码单　　B. 卸货、验货、过磅和填制码单

C. 验收、记账、立卡和建档　　D. 卸车、打捆、过磅和记账

23. 抄码复衡抽验法适合（　　）。

A. 定量包装、附有码单的计重商品　　B. 产品与包装标准的计件商品

C. 非定量包装的计件商品　　D. 定量、定尺的计重商品

24. 理论换算法适合（　　）。

A. 定量包装的计重商品　　B. 产品与包装标准的计件商品

C. 非定量包装的计件商品　　D. 定尺长度的钢材

25. 公称尺寸是（　　）。

A. 理想尺寸　　B. 产品高度　　C. 产品长度　　D. 产品宽度

26. 正偏差是（　　）。

A. 实际尺寸大于公称尺寸　　B. 实际尺寸小于公称尺寸

C. 产品长度小于厚度　　D. 产品长度大于厚度

27. 人员准备主要应考虑的因素有（　　）。

A. 商品价值、体积、重量、出库方式

B. 商品验收方法、体积、重量

C. 商品重量、数量、验收方式与复杂程度、验收期限

D. 商品数量、体积、包装、保管方法

28. 适合一般商品储存的原则是（　　）。

A. 分区分类　　B. 科学养护

C. “五五化”堆码　　D. 专仓专储

29. 性质特殊，不宜与其他商品共储的货物储存原则是（　　）。

A. 分区分类　　B. 科学养护

C. “五五化”堆码　　D. 专仓专储

30. 商品储存在一处的条件是（　　）。

A. 性质无相互影响，保管要求和养护方法相同

B. 性质无相互影响，保管要求和储存条件相同

C. 性质无相互影响，保管要求和消防方法相同

D. 性质虽相互影响，但保管要求和消防方法相同

31. 不能与其他商品共储的商品是（　　）。

A. 服装　B. 香烟　C. 家用电器　D. 五金工具

32. 商品清仓盘点的目的是（　　）。

A. 发现库存商品有无溢余

B. 保证储存货物达到账、货、卡完全相符

C. 发现库存商品有无质量变化

D. 确保商品质量完好

33. 商品不超过地坪承压能力的可堆层数计算公式是（　　）。

A. $货物堆码层数=\frac{库房横梁高度-顶距}{货物实际高度}$

B. $货物堆码层数=\frac{地坪承压能力}{货物重量}$

C. $货物堆码层数=\frac{库房横梁高度-灯距}{货物实际高度}$

D. $货物堆码层数=\frac{地坪承压能力}{货物单位底面积重量}$

34. 可用高度主要取决于（　　）。

A. 库房高度　B. 库房横梁高度　C. 商品高度　D. 托盘高度

35. 地坪承压能力主要取决于（　　）。

A. 包装强度　B. 地坪质量　C. 货物质量　D. 地坪厚度

36. 对可堆层数有影响的因素是（　　）。

A. 库房质量　B. 包装质量　C. 商品性质　D. 商品体积

37. 对堆码高度有影响的因素是（　　）。

A. 库房面积库　B. 房库质量　C. 房库高度　D. 照明灯高度

38. 将商品逐件逐层向上重叠码高而成货垛，在仓库商品堆码形式中称为（　　）。

A. 重叠式　B. 压缝式　C. 宝塔式　D. 衬垫式

39. 重叠式适合（　　）。

A. 块状货物　B. 桶装货物　C. 散装货物　D. 箱装货物

40. 纵横交错式适合（　　）。

A. 散装货物　　B. 桶装货物　　C. 块状货物　　D. 有色金属锭材

41. 仰伏相间式适合（　　）。

A. 槽钢　　B. 桶装货物　　C. 罐装货物　　D. 袋装货物

42. 袋装面粉堆码应采用（　　）。

A. 重叠式　　B. 纵横交错式　　C. 宝塔式　　D. 衬垫式

43. 仓库商品堆码中，以五为基本计算单位，码成各种总数为五的倍数的货垛，它是（　　）。

A. 分区分类法　　B. 货架堆码法

C. "五五化"堆码法　　D. 先进先出法

44. 合理储存的原则是（　　）。

A. 分区分类、科学堆码、货架陈列、先进先出

B. 分区分类、定量堆码、货架陈列、先进先出

C. 分区分类、科学堆码、专仓专储、先进先出

D. 分区分类、科学堆码、货架陈列、提高质量

45. 对发生进出库业务的商品及时或当天进行盘点的方法是（　　）。

A. 定期盘点　　B. 动态盘点　　C. 突击性盘点　　D. 重点盘点

46. 对贵重商品采用（　　）。

A. 定期盘点　　B. 动态盘点　　C. 突击性盘点　　D. 重点盘点

47. 对发生商品失窃情况进行盘点的方法是（　　）。

A. 定期盘点　　B. 动态盘点　　C. 突击性盘点　　D. 循环盘点

48. 商品检查的内容包括（　　）。

A. 质量、数量、重量、计量器具、安全

B. 质量、数量、体积、计量器具、安全

C. 质量、数量、保管条件、重量、安全

D. 质量、数量、保管条件、计量器具、安全

49. 商品检查包括（　　）。

A. 定期检查、日常性检查、重点检查

B. 定期检查、经常性检查、临时检查

C. 重点检查、日常性检查、临时检查

D. 定期检查、日常性检查、临时检查

50. 商品养护是指商品在储存过程中所进行的（　　）工作。

A. 保养　B. 维护　C. 保养和维护　D. 综合

51. 仓储商品的汽油挥发属仓储商品的（　）变化。

A. 物理　B. 化学　C. 机械　D. 生理生化

52. 25℃等于（　）。

A. 67℉　B. 77℉　C. 45.9℉　D. 48.9℉

53. 一日之中，最高气温通常在（　）。

A. 11：00—12：00　B. 12：00—13：00

C. 13：00—14：00　D. 14：00—15：00

54. 要了解空气的干湿程度，主要看空气（　）的高低。

A. 空气湿度　B. 绝对湿度　C. 饱和湿度　D. 相对湿度

55. 人能够感觉到的是（　）。

A. 绝对湿度　B. 相对湿度　C. 饱和湿度　D. 绝对湿度

56. 单位体积空气中实际所含的水汽量被称为（　）。

A. 相对湿度　B. 饱和湿度　C. 绝对湿度　D. 露点

57. 沿海地区绝对湿度最大值出现在（　）。

A. 晚上　B. 下午　C. 中午　D. 早晨

58. 一日之中，在气温最低的日出前，相对湿度（　）。

A. 不变　B. 100％　C. 最小　D. 最大

59. 相对湿度为100％，说明（　）。

A. 绝对湿度小于饱和湿度　B. 干湿球温度差很大

C. 空气干燥　D. 绝对湿度等于饱和湿度

60. 当空气温度为22℃时，绝对湿度为14.42 g/m^3，饱和湿度为19.22 g/m^3，则相对湿度为（　）。

A. 65％　B. 70％　C. 75％　D. 80％

61. 库房内空气温度越接近露点，表示相对湿度（　）。

A. 越小　B. 越大　C. 不变　D. 无法判断

62. 按照商品出库凭证所列商品编号、产地、品名、规格、等级、单位、数量等项，做到准确无误地点交清楚，符合商品出库（　）基本原则（要求）。

A. 及时　B. 准确　C. 先进先出　D. 节约用料

63. 先进先出原则适合（　）。

A. 有保质期商品　B. 食品

C. 化妆品　D. 大多数商品

64. 拆箱拆捆备料适合（　　）。

A. 整箱入库零星出库的商品　　B. 零星入库整箱出库的商品

C. 整箱入库整箱出库的商品　　D. 零星入库整批出库的商品

65. 原桩原货垛备料适合（　　）。

A. 整箱入库零星出库的商品　　B. 整批入库整批出库的商品

C. 整箱入库整箱出库的商品　　D. 零星入库整批出库的商品

66. 原箱原捆备料适合（　　）。

A. 整箱入库零星出库的商品　　B. 零星入库整箱出库的商品

C. 整箱入库整箱出库的商品　　D. 零星入库整批出库的商品

67. 由购货单位派人持业务部门开的发货凭证，并自备运输工具来库取货属于（　　）形式。

A. 自提出库　　B. 送货出库　　C. 代运出库　　D. 仓库发货

68. 审查出库凭证的真实性、合法性和完整性是属于（　　）。

A. 账、货结存复核　　B. 单证复核

C. 实物复核　　D. 商品包装复核

69. 仓库安全工作的重中之重是（　　）。

A. 防偷防盗　　B. 防火灭火　　C. 防工伤事故　　D. 防破坏

70. 燃烧的条件是（　　）。

A. 可燃物、助燃物、火源　　B. 易燃物、空气、火

C. 可燃物、助燃物、明火　　D. 易燃物、空气、可燃物

仓库保管工（五级）知识考核模拟试卷答案

一、判断题（将判断结果填入括号中。正确的填“√”，错误的填“×”。每题0.5分，满分30分）

1. ×	2. ×	3. ×	4. ×	5. ×	6. ×	7. √	8. ×	9. √
10. ×	11. ×	12. √	13. ×	14. ×	15. ×	16. √	17. √	18. ×
19. √	20. √	21. ×	22. √	23. ×	24. ×	25. √	26. ×	27. √
28. ×	29. √	30. ×	31. ×	32. ×	33. ×	34. √	35. √	36. ×
37. ×	38. √	39. √	40. ×	41. ×	42. √	43. √	44. √	45. ×
46. ×	47. √	48. √	49. √	50. √	51. ×	52. ×	53. √	54. √
55. √	56. √	57. √	58. ×	59. ×	60. ×			

二、单项选择题（选择一个是正确的答案，将相应的字母填入题内的括号中。每题1分，满分70分）

1. C	2. B	3. C	4. B	5. D	6. B	7. C	8. A	9. D
10. C	11. A	12. D	13. A	14. B	15. A	16. A	17. D	18. C
19. C	20. B	21. A	22. A	23. A	24. D	25. A	26. A	27. C
28. A	29. D	30. C	31. B	32. B	33. D	34. B	35. B	36. B
37. D	38. A	39. D	40. D	41. A	42. B	43. C	44. C	45. B
46. D	47. C	48. D	49. D	50. C	51. A	52. B	53. D	54. D
55. B	56. C	57. B	58. D	59. D	60. C	61. B	62. B	63. D
64. A	65. B	66. C	67. A	68. B	69. B	70. A		

附表

温度和湿度查对表

大气压力：760 mmHg　　　风速：0.8 m/s

温度		湿度			温度		湿度		
干球（℃）	湿球（℃）	相对 %	绝对		干球（℃）	湿球（℃）	相对 %	绝对	
			mb	g/m³				mb	g/m³
1.0	1.0	100	6.6	5.18		4.0	84	7.3	5.68
	0.5	91	5.9	4.71		3.5	76	6.7	5.14
	0.0	81	5.3	4.19		3.0	68	6.0	4.60
2.0	2.0	100	7.0	5.54		2.5	61	5.3	4.12
	1.5	91	6.4	5.04		2.0	54	4.7	3.65
	1.0	82	5.8	4.54		1.5	46	4.0	3.11
	0.5	73	5.1	4.04		1.0	39	3.4	2.64
	0.0	64	4.5	3.54		0.5	32	2.8	2.16
3.0	3.0	100	7.6	5.92		0.0	25	2.1	1.69
	2.5	91	6.9	5.39	6.0	6.0	100	9.4	7.22
	2.0	83	6.3	4.92		5.5	92	8.6	6.64
	1.5	74	5.6	4.38		5.0	85	7.9	6.14
	1.0	66	5.0	3.91		4.5	77	7.2	5.56
	0.5	57	4.4	3.37		4.0	70	6.5	5.05
	0.0	49	3.7	2.90		3.5	63	5.9	4.55
4.0	4.0	100	8.1	6.33		3.0	56	5.2	3.94
	3.5	92	7.5	5.82		2.5	48	4.5	3.47
	3.0	84	6.8	5.32		2.0	41	3.9	2.96
	2.5	75	6.1	4.75		1.5	35	3.2	2.53
	2.0	67	5.5	4.24		1.0	28	2.6	2.02
	1.5	59	4.8	3.73	7.0	7.0	100	10.0	7.71
	1.0	51	4.2	3.23		6.5	93	9.3	7.17
	0.5	44	3.6	2.79		6.0	85	8.6	6.55
	0.0	36	2.9	2.28		5.5	78	7.8	6.01
5.0	5.0	100	8.7	6.76		5.0	71	7.1	5.47
	4.5	92	8.0	6.22		4.5	64	6.4	4.93

续表

温度		湿度			温度		湿度		
干球 (℃)	湿球 (℃)	相对 %	绝对 mb	绝对 g/m³	干球 (℃)	湿球 (℃)	相对 %	绝对 mb	绝对 g/m³
	4.0	57	5.8	4.39		9.0	87	10.7	8.12
	3.5	50	5.1	3.85		8.5	81	9.9	7.55
	3.0	44	4.4	3.39		8.0	74	9.1	6.90
	2.5	37	3.7	2.85		7.5	68	8.4	6.34
	2.0	31	3.1	2.39		7.0	62	7.6	5.78
8.0	8.0	100	10.7	8.22		6.5	56	6.9	5.22
	7.5	93	10.0	7.64		6.0	50	6.2	4.66
	7.0	86	9.2	7.07		5.5	44	5.5	4.10
	6.5	79	8.5	6.49		5.0	39	4.8	3.64
	6.0	72	7.8	5.92		4.5	33	4.0	3.08
	5.5	66	7.0	5.42	11.0	11.0	100	13.1	9.93
	5.0	59	6.3	4.85		10.5	94	12.3	9.32
	4.5	53	5.6	4.35		10.0	88	11.5	8.74
	4.0	46	4.9	3.78		9.5	81	10.7	8.04
	3.5	40	4.3	3.29		9.0	75	9.9	7.45
	3.0	34	3.6	2.79		8.5	69	9.1	6.86
9.0	9.0	100	11.5	8.86		8.0	64	8.3	6.36
	8.5	93	10.7	8.24		7.5	58	7.6	5.76
	8.0	87	9.9	7.71		7.0	52	6.8	5.16
	7.5	80	9.2	7.09		6.5	46	6.1	4.57
	7.0	73	8.4	6.47		6.0	41	5.4	4.07
	6.5	67	7.7	5.94		5.5	35	4.6	3.48
	6.0	61	7.0	5.40		5.0	30	4.0	2.98
	5.5	54	6.2	4.78	12.0	12.0	100	14.0	10.57
	5.0	48	5.5	4.25		11.5	94	13.2	9.94
	4.5	42	4.8	3.72		11.0	88	12.3	9.30
	4.0	36	4.2	3.19		10.5	82	11.5	8.67
	3.5	30	3.5	2.66		10.0	76	10.7	8.03
10.0	10.0	100	12.3	9.33		9.5	70	9.9	7.40
	9.5	93	11.5	8.68		9.0	65	9.1	6.87

续表

温度		湿度			温度		湿度		
干球 (℃)	湿球 (℃)	相对 %	绝对		干球 (℃)	湿球 (℃)	相对 %	绝对	
			mb	g/m³				mb	g/m³
	8.5	59	8.3	6.24		9.0	47	7.5	5.02
	8.0	54	7.5	5.71		8.5	42	6.7	4.43
	7.5	48	6.8	5.07		8.0	37	6.0	3.83
	7.0	43	6.0	4.55		7.5	32	5.2	3.35
	6.5	38	5.3	4.22	15.0	15.0	100	17.1	12.72
	6.0	33	4.6	3.49		14.5	94	16.1	11.96
13.0	13.0	100	15.0	11.25		14.0	89	15.2	11.32
	12.5	94	14.1	10.57		13.5	84	14.3	10.68
	12.0	88	13.2	9.90		13.0	78	13.4	9.92
	11.5	83	12.4	9.34		12.5	73	12.5	9.29
	11.0	77	11.5	8.66		12.0	68	11.6	8.65
	10.5	71	10.7	7.99		11.5	63	10.8	8.01
	10.0	66	9.9	7.42		11.0	58	10.0	7.38
	9.5	61	9.1	6.86		10.5	53	9.1	6.74
	9.0	55	8.3	6.19		10.0	49	8.3	6.23
	8.5	50	7.5	5.62		9.5	44	7.5	5.60
	8.0	45	6.8	5.06		9.0	39	6.7	4.96
	7.5	40	6.0	4.50		8.5	35	5.9	4.45
	7.0	35	5.2	3.94		8.0	30	5.2	3.82
	6.5	30	4.5	3.38	16.0	16.0	100	18.2	13.50
14.0	14.0	100	16.0	11.96		15.5	95	17.2	12.83
	13.5	94	15.1	11.24		15.0	89	16.3	12.02
	13.0	89	14.2	10.65		14.5	84	15.3	11.34
	12.5	83	13.3	9.93		14.0	79	14.4	10.67
	12.0	78	12.4	8.61		13.5	74	13.5	9.99
	11.5	72	11.6	8.01		13.0	69	12.6	9.32
	11.0	67	10.8	7.42		12.5	64	11.7	8.64
	10.5	62	9.9	6.82		12.0	60	10.8	8.10
	10.0	57	9.1	6.22		11.5	55	10.0	7.43
	9.5	52	8.3	5.62		11.0	50	9.2	6.75

续表

温度		湿度			温度		湿度		
干球	湿球	相对	绝对		干球	湿球	相对	绝对	
(℃)	(℃)	%	mb	g/m³	(℃)	(℃)	%	mb	g/m³
	10.5	46	8.3	6.21		13.0	53	11.0	8.07
	10.0	41	7.5	5.54		12.5	49	10.1	7.46
	9.5	37	6.7	5.00		12.0	45	9.3	6.85
	9.0	33	5.9	4.46		11.5	41	8.4	6.24
17.0	17.0	100	19.4	14.34		11.0	37	7.6	5.63
	16.5	95	18.4	13.62		10.5	33	6.7	5.02
	16.0	90	17.4	12.91	19.0	19.0	100	22.0	16.13
	15.5	85	16.4	12.19		18.5	95	20.9	15.32
	15.0	80	15.5	11.47		18.0	90	19.9	14.52
	14.5	75	14.5	10.76		17.5	86	18.8	13.87
	14.0	70	13.6	10.04		17.0	81	17.8	13.07
	13.5	66	12.7	9.46		16.5	76	16.8	12.26
	13.0	61	11.8	8.75		16.0	72	15.8	11.61
	12.5	56	10.9	8.03		15.5	67	14.8	10.81
	12.0	52	10.1	7.46		15.0	63	13.9	10.16
	11.5	47	9.2	6.74		14.5	59	12.9	9.52
	11.0	43	8.4	6.17		14.0	55	12.0	8.87
	10.5	39	7.5	5.95		13.5	51	11.1	8.23
	10.0	35	6.7	5.02		13.0	46	10.2	7.42
	9.5	30	5.9	4.30		12.5	42	9.3	6.77
18.0	18.0	100	20.6	15.22		12.0	39	8.5	6.29
	17.5	95	19.6	14.98		11.5	35	7.6	5.65
	17.0	90	18.6	13.70		11.0	31	6.8	5.00
	16.5	85	17.6	12.91	20.0	20.0	100	23.4	17.12
	16.0	80	16.6	12.18		19.5	95	22.3	16.26
	15.5	76	15.6	11.42		19.0	91	21.2	15.58
	15.0	71	14.7	10.81		18.5	86	20.1	14.72
	14.5	66	13.7	10.05		18.0	81	19.1	13.87
	14.0	62	12.8	9.44		17.5	77	18.0	13.18
	13.5	58	11.9	8.83		17.0	73	17.0	12.50

续表

温度		湿度			温度		湿度		
干球	湿球	相对	绝对		干球	湿球	相对	绝对	
(℃)	(℃)	%	mb	g/m³	(℃)	(℃)	%	mb	g/m³
	16.5	68	16.0	11.64		21.0	91	24.1	17.49
	16.0	64	15.0	10.96		20.5	87	22.9	16.72
	15.5	60	14.0	10.27		20.0	82	21.8	15.76
	15.0	56	13.1	9.59		19.5	78	20.7	14.99
	14.5	52	12.1	8.90		19.0	74	19.6	14.22
	14.0	48	11.2	8.22		18.5	70	18.5	13.45
	13.5	44	10.3	7.53		18.0	66	17.5	12.69
	13.0	40	9.4	6.85		17.5	62	16.4	11.92
	12.5	37	8.5	6.33		17.0	58	15.4	11.15
	12.0	33	7.7	5.65		16.5	54	14.4	10.38
21.0	21.0	100	24.9	18.15		16.0	51	13.4	9.80
	20.5	95	23.7	17.24		15.5	47	12.4	9.03
	20.0	91	22.6	16.52		15.0	43	11.5	8.26
	19.5	86	21.5	15.61		14.5	40	10.5	7.69
	19.0	82	20.4	14.88		14.0	36	9.6	6.92
	18.5	78	19.3	14.16		13.5	33	8.7	6.34
	18.0	73	18.3	13.25		13.0	30	7.8	5.77
	17.5	69	17.2	12.52	23.0	23.0	100	28.1	20.35
	17.0	65	16.2	11.80		22.5	96	26.9	19.54
	16.5	61	15.2	11.07		22.0	91	25.7	18.52
	16.0	57	14.2	10.35		21.5	87	24.5	17.70
	15.5	53	13.2	9.62		21.0	83	23.3	16.89
	15.0	50	12.3	9.08		20.5	79	22.2	16.08
	14.5	46	11.4	8.35		20.0	75	21.0	15.26
	14.0	42	10.4	7.62		19.5	71	19.9	14.45
	13.5	38	9.5	6.90		19.0	67	18.8	13.63
	13.0	35	8.6	6.35		18.5	63	17.7	12.82
	12.5	31	7.7	5.63		18.0	59	16.7	12.01
22.0	22.0	100	26.5	19.22		17.5	56	15.6	11.40
	21.5	95	25.3	18.26		17.0	52	14.6	10.58

续表

温度		湿度			温度		湿度		
干球 (℃)	湿球 (℃)	相对 %	绝对 mb	绝对 g/m³	干球 (℃)	湿球 (℃)	相对 %	绝对 mb	绝对 g/m³
	16.5	48	13.6	9.77		23.0	84	26.5	19.15
	16.0	45	12.6	9.16		22.5	80	25.3	18.24
	15.5	41	11.6	8.33		22.0	76	24.1	17.33
	15.0	38	10.7	7.73		21.5	72	22.9	16.42
	14.5	35	9.8	7.12		21.0	68	21.7	15.50
	14.0	31	8.8	6.31		20.5	65	20.6	14.85
24.0	24.0	100	29.9	21.54		20.0	61	19.4	13.91
	23.5	96	28.6	20.68		19.5	58	18.3	13.22
	23.0	91	27.3	19.60		19.0	54	17.2	12.31
	22.5	87	26.1	18.74		18.5	51	16.1	11.63
	22.0	83	24.9	17.88		18.0	48	15.1	10.94
	21.5	79	23.7	17.02		17.5	44	14.0	10.03
	21.0	75	22.5	16.16		17.0	41	13.0	9.35
	20.5	71	21.3	15.29		16.5	38	12.0	8.66
	20.0	68	20.2	14.65		16.0	35	11.0	7.98
	19.5	64	19.1	13.79		15.5	32	10.1	7.28
	19.0	60	18.0	12.92	26.0	26.0	100	33.6	24.11
	18.5	57	16.9	12.28		25.5	95	32.3	23.15
	18.0	53	15.9	11.42		25.0	92	30.9	22.18
	17.5	50	14.9	10.77		24.5	88	29.6	21.22
	17.0	46	13.8	9.91		24.0	84	28.3	20.25
	16.5	43	12.8	9.26		23.5	80	27.0	19.29
	16.0	40	11.8	8.62		23.0	76	25.7	18.32
	15.5	36	10.9	7.75		22.5	73	24.5	17.60
	15.0	33	9.9	7.11		22.0	69	23.3	16.64
	14.5	30	9.0	6.46		21.5	66	22.1	15.91
25.0	25.0	100	31.7	22.80		21.0	62	20.9	14.95
	24.5	96	30.4	21.89		20.5	59	19.8	14.22
	24.0	92	29.1	20.98		20.0	55	18.6	13.26
	23.5	88	27.8	20.06		19.5	52	17.5	12.54

续表

温度		湿度			温度		湿度		
干球 (℃)	湿球 (℃)	相对 %	绝对		干球 (℃)	湿球 (℃)	相对 %	绝对	
			mb	g/m³				mb	g/m³
	19.0	49	16.4	11.81		27.0	92	34.9	24.78
	18.5	46	15.3	11.09		26.5	88	33.5	23.70
	18.0	42	14.3	10.13		26.0	84	32.1	22.62
	17.5	39	13.2	9.44		25.5	81	30.7	21.81
	17.0	36	12.2	8.68		25.0	77	29.3	20.74
	16.5	33	11.2	7.96		24.5	74	28.0	19.93
	16.0	30	10.2	7.23		24.0	71	26.7	19.12
27.0	27.0	100	35.7	25.49		23.5	67	25.4	18.04
	26.5	95	34.3	24.47		23.0	64	24.1	17.24
	26.0	92	32.8	23.45		22.5	60	22.9	16.16
	25.5	88	31.5	22.43		22.0	57	21.7	15.35
	25.0	84	30.1	21.42		21.5	54	20.5	14.54
	24.5	81	28.8	20.66		21.0	51	19.3	13.73
	24.0	77	27.5	19.63		20.5	48	18.2	12.93
	23.5	73	26.2	18.61		20.0	45	17.0	12.12
	23.0	70	24.9	17.84		19.5	42	15.9	11.31
	22.5	66	23.7	16.82		19.0	39	14.8	10.50
	22.0	63	22.5	16.06		18.5	36	13.8	9.68
	21.5	60	21.3	15.29		18.0	34	12.7	9.16
	21.0	56	20.1	14.27		17.5	31	11.7	8.35
	20.5	53	19.0	13.51	29.0	29.0	100	40.1	28.45
	20.0	50	17.8	12.75		28.5	96	38.6	27.31
	19.5	47	16.7	11.98		28.0	92	37.1	26.17
	19.0	44	15.6	11.22		27.5	89	35.6	25.32
	18.5	41	14.5	10.45		27.0	85	34.1	24.17
	18.0	38	13.5	9.69		26.5	81	32.7	23.04
	17.5	35	12.4	8.92		26.0	77	31.3	21.91
	17.0	32	11.4	8.16		25.5	74	29.9	21.05
28.0	28.0	100	37.8	26.93		25.0	71	28.5	20.20
	27.5	96	36.4	25.85		24.5	68	27.2	19.35

续表

温度		湿度			温度		湿度		
干球	湿球	相对	绝对		干球	湿球	相对	绝对	
(℃)	(℃)	%	mb	g/m³	(℃)	(℃)	%	mb	g/m³
	24.0	65	25.9	18.40		21.5	44	18.9	13.32
	23.5	61	24.6	17.36		21.0	42	17.7	12.62
	23.0	58	23.3	16.50		20.5	39	16.6	11.72
	22.5	55	22.1	15.65		20.0	36	15.4	10.81
	22.0	52	20.9	14.79		19.5	34	14.3	10.21
	21.5	49	19.7	13.94		19.0	31	13.2	9.31
	21.0	46	18.5	13.09	31.0	31.0	100	45.0	31.70
	20.5	43	17.4	12.23		30.5	96	43.2	30.33
	20.0	40	16.2	11.38		30.0	93	41.8	29.48
	19.5	38	15.1	10.81		29.5	90	40.5	28.53
	19.0	35	14.0	9.96		29.0	86	38.5	27.76
	18.5	32	13.0	9.10		28.5	82	37.0	25.99
	18.0	30	11.9	8.54		28.0	79	35.5	25.04
30.0	30.0	100	42.5	30.03		27.5	76	34.0	24.09
	29.5	96	40.8	28.83		27.0	72	32.5	22.82
	29.0	93	39.3	27.93		26.5	69	31.1	21.87
	28.5	89	37.8	26.73		26.0	66	29.7	20.92
	28.0	85	36.3	25.53		25.5	63	28.3	19.97
	27.5	82	34.8	24.62		25.0	60	25.9	19.02
	27.0	78	33.3	23.42		24.5	57	25.6	18.07
	26.5	75	31.9	22.52		24.0	54	24.3	17.13
	26.0	72	30.5	21.62		23.5	51	23.0	16.17
	25.5	68	29.1	20.42		23.0	48	21.8	15.22
	25.0	65	27.7	19.52		22.5	46	20.5	14.58
	24.5	62	26.4	18.62		22.0	43	19.3	13.63
	24.0	59	25.1	17.72		21.5	40	18.1	12.68
	23.5	56	23.8	16.82		21.0	38	16.9	12.05
	23.0	53	22.6	15.92		20.5	35	15.8	11.09
	22.5	50	21.3	15.02		20.0	33	14.6	10.46
	22.0	47	20.1	14.11		19.5	30	13.6	9.51

续表

温度		湿度			温度		湿度		
干球 (℃)	湿球 (℃)	相对 %	绝对		干球 (℃)	湿球 (℃)	相对 %	绝对	
			mb	g/m³				mb	g/m³
32.0	32.0	100	47.6	33.45		30.0	80	40.8	28.22
	31.5	97	46.2	32.45		29.5	76	38.5	26.81
	31.0	93	44.3	31.11		29.0	73	36.9	25.75
	30.5	90	42.8	30.11		28.5	70	35.4	24.69
	30.0	86	40.9	28.77		28.0	67	33.9	23.63
	29.5	83	39.3	27.75		27.5	64	32.4	22.57
	29.0	79	37.7	26.43		27.0	61	30.9	21.51
	28.5	76	36.2	25.42		26.5	59	29.5	20.81
	28.0	73	34.7	24.42		26.0	56	28.1	19.75
	27.5	70	33.2	23.42		25.5	53	26.7	18.69
	27.0	67	31.7	22.41		25.0	50	25.3	17.64
	26.5	64	30.3	21.41		24.5	48	24.0	16.93
	26.0	61	28.9	20.40		24.0	45	22.7	15.87
	25.5	58	27.5	19.40		23.5	43	21.4	15.17
	25.0	55	26.1	18.40		23.0	40	20.2	14.11
	24.5	52	24.8	17.39		22.5	38	18.9	13.40
	24.0	49	23.5	16.39		22.0	35	17.7	12.34
	23.5	47	22.2	15.72		21.5	33	16.5	11.63
	23.0	44	21.0	14.72	34.0	34.0	100	53.3	37.18
	22.5	41	19.7	13.71		33.5	96	51.8	35.69
	22.0	39	18.5	13.04		33.0	93	49.6	34.58
	21.5	36	17.3	12.64		32.5	90	48.0	33.16
	21.0	34	16.1	11.37		32.0	86	46.3	31.97
	20.5	31	15.0	10.37		31.5	83	44.7	30.86
33.0	33.0	100	50.4	35.27		31.0	80	43.1	29.74
	32.5	97	48.9	34.21		30.5	77	41.6	28.63
	32.0	93	46.8	32.80		30.0	74	39.9	27.51
	31.5	90	45.3	31.74		29.5	71	37.7	26.40
	31.0	87	43.8	30.68		29.0	68	36.1	25.28
	30.5	84	42.3	29.63		28.5	65	34.6	24.17

续表

温度		湿度			温度		湿度		
干球	湿球	相对	绝对		干球	湿球	相对	绝对	
(℃)	(℃)	%	mb	g/m³	(℃)	(℃)	%	mb	g/m³
	28.0	62	33.1	23.05		26.0	47	26.5	18.41
	27.5	59	31.6	22.31		25.5	45	25.1	17.63
	27.0	57	30.1	21.19		25.0	42	23.8	16.46
	26.5	54	28.7	20.08		24.5	40	22.4	15.67
	26.0	51	27.3	18.96		24.0	38	21.1	14.88
	25.5	49	25.9	17.85		23.5	35	19.8	13.71
	25.0	46	24.6	16.73	36.0	36.0	100	59.5	41.27
	24.5	44	23.2	15.99		35.5	97	55.7	39.02
	24.0	41	21.9	14.87		35.0	93	54.3	38.38
	23.5	39	20.6	13.76		34.5	90	53.5	36.73
	23.0	36	19.4	13.10		34.0	87	51.8	35.49
	22.5	34	18.1	11.89		33.5	84	50.0	34.25
35.0	35.0	100	56.3	39.18		33.0	80	48.2	32.60
	34.5	97	54.6	37.61		32.5	78	46.4	31.38
	34.0	93	52.4	36.44		32.0	75	44.6	29.77
	33.5	90	50.7	35.26		31.5	73	42.4	28.97
	33.0	87	49.0	34.09		31.0	70	41.6	27.76
	32.5	84	47.3	32.91		30.5	67	39.8	26.55
	32.0	81	45.6	31.34		30.0	63	37.7	25.34
	31.5	78	43.9	30.17		29.5	61	36.1	24.45
	31.0	75	42.2	28.99		29.0	58	34.5	23.33
	30.5	72	40.5	27.82		28.5	55	33.0	22.13
	30.0	68	38.5	26.64		28.0	53	31.5	21.32
	29.5	66	36.9	25.86		27.5	50	30.0	20.12
	29.0	63	35.3	24.68		27.0	48	28.5	19.31
	28.5	60	33.8	23.51		26.5	46	27.1	18.51
	28.0	57	32.3	22.33		26.0	43	25.7	17.30
	27.5	55	30.8	21.55		25.5	41	42.3	16.49
	27.0	52	29.3	20.37		25.0	39	23.0	15.29
	26.5	50	27.9	19.59		24.5	36	21.6	14.48

续表

温度		湿度			温度		湿度		
干球 (℃)	湿球 (℃)	相对 %	绝对 mb	绝对 g/m³	干球 (℃)	湿球 (℃)	相对 %	绝对 mb	绝对 g/m³
37.0	37.0	100	62.8	43.46		30.0	59	36.9	25.64
	36.5	97	60.3	42.16		29.5	56	35.3	24.34
	36.0	93	58.4	40.42		29.0	54	33.7	23.47
	35.5	90	56.5	39.11		28.5	51	32.2	22.16
	35.0	87	54.7	37.81		28.0	49	30.7	21.30
	34.5	84	52.8	36.51		27.5	46	29.2	19.99
	34.0	81	50.9	35.20		27.0	44	27.7	19.12
	33.5	79	49.6	33.90		26.5	42	26.3	18.25
	33.0	76	47.0	32.16		26.0	40	24.9	17.38
	32.5	73	45.9	31.29		25.5	37	23.5	16.08
	32.0	70	43.8	29.99		25.0	35	22.2	15.21
	31.5	68	42.7	29.12		24.5	33	20.8	14.34
	31.0	65	40.8	27.81		24.0	31	19.5	13.47
	30.5	63	39.6	26.51					